독특하고 재미있는
문화유산 이야기

독특하고 재미있는

문화유산 이야기

上

이희득 지음

문화유산은 오랜 시간에 걸쳐 살아온 흔적이고,
그 시대의 産物인 것이다.

좋은땅

글을 쓰면서

　오랫동안 전국에 남아 있는 문화 고적을 답사하면서 느낀 점이 많았는데, 어떤 것은 깊게 연구할 가치가 있어 보여, 여러 번 찾아갈 때도 있었으며, 또 다른 것은 대충 둘러보다가 사진만 촬영하고, 안내문만 보고 오는 경우가 많았다.

　집에 와서 사진을 정리하면서 자세히 보면, 어떤 것은 참으로 독특하다는 생각도 해 보았고, 국내에서는 보기 드문 작례라서 혼자 보기 아까운 것도 있었다.

　문화유적이 재미있다고 생각하는 것은 필자의 생각이라 하기에는, 혼자 보기는 아깝고 여럿이 공유하였으면 하는 마음이 많이 들었는데, 그런 것들을 책으로 엮어 놓으면 괜찮겠다는 생각이 들어, 글을 쓴 것이다.

　책에 수록된 것은 희귀하고 보기 드문 작례이지만, 검색을 하면 쉽게 볼 수는 있다. 그럼에도 아는 사람만 알고, 혼자만이 알고 있는 사람들이 많다.

　그리고 이 글을 쓰고 난 뒤에 희귀한 것들이 많이 알려져 훼손되거나 부작용이 일어날 수 있기에 될 수 있는 한 위치는 밝히지 않는다. 도난과 훼손의 염려도 있기에 그렇다. 전국의 문화재 답사가들이 전국을 돌아다니면서 많은 것을 찾아 블로그나, 카페에 올리면 그것을 좋은 용도로 사용되면 좋지만 악의적으로 사용할 수 있기에 꽤나 유명한 것은 위치를 공개하나 그렇지 않은 것은 하지 않을 생각이다.

한반도는 많은 전쟁으로 인하여, 많은 유물과 유산이 훼손되고 파괴되었기에 남아 있는 것이라도 잘 보존되기를 바란다. 우리나라만의 독특한 것을 오랫동안 보존하여 전 세계에 내어 놓아도 손색이 없을 것이다. 이러한 것은 연구하여 공부하는 이들에게 많은 도움이 되는 계기가 되었으면 한다. 철비나 하마비처럼, 남들이 연구하지 않는 분야에 많은 자료가 나왔으면 하는 바람이다.

　독특하고 재미난 것들이 책을 읽는 분들의 가슴에 와닿기를 바라며…….

2021. 04. 16.

玉山 이희득

목차

3. 우리나라에 있는 옥토끼의 표현 • 157

1

碑의 받침(龜趺) 중
머리를 돌려서
표현한 것들

비석은 碑首와 몸돌과 받침으로 구성되어 있다. 그중 받침은 몸은 거북이고 얼굴은 용이나 거북, 등으로 제작한다. 그래서 명칭을 龜趺라고 하며, 머리의 형태는 대부분 정면을 바라보며 위엄을 나타내는데, 멀리서도 그 웅장함이 돋보인다. 다른 표현은 머리가 돌아가거나 위로 치켜드는 경우가 있는데, 머리를 돌린 경우가 몇 좌 되지 않지만 독특하기에 나열하여 본다.

원수는 물에 새기고 은혜는 바위에 새긴다는 古事에 의하여 오래전부터 석비를 많이 세웠는데, 碑를 세우는 데 있어 받침은 여러 종류가 있지만, 만든 직후에 모습은 아름답고 화려함은 말로서는 표현하기가 어렵다.

그 이유는 모르지만 한반도에 나타나는 석비는 대부분 중국의 영향을 받아 비의 상부는 龍을 새기고 받침은 용머리나 거북머리로 하였으며, 조선에 와서는 碑首나 받침의 모양은 다양성을 나타내고 있다.

통일 신라 시대는 왕의 무덤 앞에 세우는 묘비나 이름난 高僧의 탑비에서, 龜趺를 갖춘 형식이 보이지만, 대부분 위엄을 갖추면서 화려함이 보이고, 조선시대 와서는 벼슬아치들의 선정비에서도 龜趺를 갖춘 碑들이 보인다. 특히 高官들의 신도비는 碑首와 龜趺는 웅장함이라는 것과 아름다움이 있는 碑로 인식이 된다.

이러한 것은 권력과 예술성을 겸비하였다고 생각되기도 하지만, 왕실이라는 주체와 그리고 권력이 합쳐진 것으로 풀이된다. 그렇지만 석비는 대부분 야외에 있어 비와 바람의 영향으로 인해, 마모되고 박락되는 현상이 지속되어 원래의 제 모습을 찾아보기 힘든 것도 많다.

문화재로 지정되었다고 하더라도 비각 내부에 있는 것은 덜 하지만, 그러하지 않은 것은 관심도 덜 하여 마멸되어 가는 것이 안타까울 뿐이다. 문화재로 지정되던 되지 않았던 간에 처음에 만들 때는 그러한 생각을 하지 않았을 터인데, 지정문화재, 비지정문화재로 나누어 차별을 받는 것을 보면, 만든 匠人의 솜씨를 무색하게 만든다.

匠人은 비지정 문화재를 만들지 않았다. 지정문화재와 비지정 문화재를 구분하여 어떤 것은 보호하고, 어떤 것은 관심조차 없지만 당시 만들 때는 장인의 최고의 기술과 정성이 들어간 작품이었다. 시대는 변화하고 세월은 흐르지만 남아 있는 先人들의 흔적을 한 번 더 생각을 하였으면 한다.

(1) 민유중 신도비

　민유중 신도비는 명성황후 생가터에 있다. 원래는 민유중의 墓가 있어, 사당으로 인식되지만 현재는 명성황후를 기리는 공간으로 널리 알려져 있다.

　신도비는 동편 부근에 있다. 碑의 받침의 머리 부분은 向 우측으로 돌려져 있으며 힘이 있고 사실적이다.

　그중에 의문이 드는 것은 왜 고개를 돌렸을까 하는 것인데, 여러 가지 이유가 있을 것으로 상상을 해 보지만 정답은 없는 법이다.

그림 1. 정면 사진

　　　　　독특하고 재미있는 문화유산 이야기 上

그림 2. 돌린 얼굴 사진

어쩌면 '저 뒤에 내 무덤이 있으니 한 번 들러서 가 보시오!' 하는 생각으로 고개를 돌렸는지, 평범하게 만들면 관심이 없을 것이기에 고개를 돌려서 만들었는지, 아무도 모를 일이다. 이빨을 드러내고 웃는 모습이어서, 강렬함보다는 친근함이 보이는 표현이다.

이러한 표현은 원주의 법천사지 탑비의 귀부와 長水郡의 정황 신도비 귀부, 안성 칠장사 혜소 국사비 등에 보이는데, 이빨은 가지런히 드러낸 표현은 곳곳에 보여서 귀부의 독특한 표현 방식으로 생각된다.

코를 보면 콧등이 넓게 조각되어 약간의 귀여움이 남아 있다. 무서움보다는 약간의 친근함, 귀여움보다는 약간의 해학성을 갖추었다. 여러 가지의 의미가 숨겨진 얼굴이다.

민유중은 숙종의 장인이요, 인현왕후의 부친이다. 임금의 장인의 신도비는 초라하게 만들지 않았을 것이며, 또 많은 정성을 쏟았을 가능성이 있다.

　최고의 匠人이 조각하였기에, 아름다움과 웅장함이 있는 신도비이지만, 약간의 특이한 것을 주면 더 주목받지 않을까 하여, 고개를 돌려서 만들었는지도 생각하여 본다.

　신도비의 글이나 글은 名 문장가가 짓고, 글씨는 명필이 쓰는 경우가 많지만 이 신도비는 민유중의 신도비는 둘째 아들인 민진원이 전액을 썼으며, 첫째인 민진후가 碑文을 썼다. 만든 시기는 조선 후기이며, 碑首는 연봉을, 그 아래는 팔작지붕을 조각하였으며, 碑의 상부는 탑비를 연상시켜서 스님의 浮屠를 만들었던 장인들의 작품으로 생각되기도 한다. 조선시대는 전쟁을 겪으면서 장인들이 대부분 승려들로 채워지는데, 민유중 신도비도 그러한 영향으로 浮屠의 형태가 보이는 것으로 생각된다.

그림 3. 민유중 신도비 전체 사진

(2) 김제남 신도비

　원주에 있는 선조의 丈人인 김제남의 신도비이다.

　2012년에 답사를 가서 보았을 때는 碑閣이 없었지만, 2021년 2월 재답사를 가니 아름다운 비각을 만들어 碑를 보호하고 있었다. 碑首에는 쌍용이 여의주를 보호하고 있고 받침은 龍頭(얼굴은 용으로 보기엔 약하다.)이나, 우측으로 고개를 돌려서 뒤를 돌아보는데 龍仁에 있는 민유중의 신도비와는 달리 가늘고 목을 길게 표현되었고, 몸과 목 사이에 공간이 없게 붙어 있게 조각되었다.

그림 4. 김제남 신도비 1

독특하고 재미있는 문화유산 이야기 上

턱 아래로 보이는 수염도 몸통에 붙여서 조각되었는데, 수염의 끝은 좌우로 나누고 끝부분은 말린 모양이다. 어떤 사람은 수염이 아니고 瑞氣로 보는 시각도 있다.

눈은 둥근 모양에 가까운데 남양주 한효윤 신도비와 원주 비두리에 보이는 귀부의 눈 모양과는 달리 표현되었다.

고개를 돌린 것이 힘이 있어 보이지는 않고 고개를 몸에 붙인 모양이다.

신도비는 김제남의 묘에서 500m 떨어진 곳에 있으며 민유중의 신도비의 용두는 무덤을 바라보게 세웠지만 김제남 신도비의 귀부는 다른 방향을 바라보고 있다.

김제남 묘 주위로는 흥법사지 귀부와 비두리 귀부가 있는데, 그중에 비두리와 김제남 신도비만이 고개를 돌려 조각되었는데 비두리는 김제남의 신도비 용두와 달리 좌측으로 고개를 돌려 제작되었다. 딸이 왕비가 되었지만 김제남과 그의 아들은 모반의 모함을 쓰고 賜死된 것을 기억하기 위해 고개를 돌렸다고

그림 5. 김제남 신도비 2

생각하기에는 광범위한 생각이지만 임금의 장인 신도비에 고개를 돌린 碑이라서, 특이하다고 보는 것보다 독특한 면과 다른 뜻이 있다고 생각된다. 하지만 알 수 없는 것이 匠人의 마음이다.

그림 6. 김제남 신도비 귀부

정면에서 보면 목은 가늘게 앞발은 정면으로 향하게 되어 있다. 빗돌은 대리석으로 되어 있어 조각의 아름다움이 나타나야 하는데 세월은 그러한 흔적을 지운다. 받침의 돌도 마찬가지이다. 처음에는 아름답고 모든 형태가 뚜렷하여 만든 이의 정성과 노력이 보였지만, 지금은 세월의 흔적만 남겼다.

돌린 목이 아파 보여 손으로 돌리고 싶은데 몸과 붙어 있어 힘으로 되지 않는다.

독특하고 재미있는 문화유산 이야기 上

(3) 류자신 신도비

류자신은 광해군의 丈人인데 광해군이 폐위되면서 삭탈관직을 당했다. 그러한 이유로 많은 것이 훼손되었다고 생각하였지만, 직접 가서 보니 묘역의 석물들은 원형을 유지하고 있었다.

碑首는 쌍용의 형태이고 귀부는 거북이 형태인데, 머리는 좌측으로 돌리고 있다. 보통 거북의 얼굴을 보면 돌출이 많이 되는 것이 많이 보였지만, 여기 신도비도 얼굴이 돌출이 많이 되었다.

목은 짧고 거북이 얼굴이지만 입을 자세히 보면 좌우에 송곳 같은 이빨

그림 7. 류자신 신도비 1

이 보인다. 거북이는 이빨 치고는 날카로운 모습이다. 비신은 대리석으로 되어 있으며, 류자신의 묘역은 신도비 방향에서 정면 좌측에 있는데, 머리는 왜 좌측으로 돌렸을까? 의문은 의문을 낳는 법이다.

류자신은 광해군의 장인이고, 김제남은 선조의 장인이다.

김제남은 광해군에 의해 賜死되는 비운을 맞이하고, 류자신은 사위인 광해군이 폐위되면서, 부와 명예를 잃어버렸는데, 세월이 흘러 이제는 그러한 것은 역사의 한 장면이 되었다. 신도비는 그러한 사실보다 어떻게 만들었는지, 아름다움이 배어 있는지를 생각하게 한다.

그림 8. 류자신 신도비 2

신도비의 받침에 보이는 귀부는 목이 굵고 짧게 되었지만, 코는 거북이에 보이는 형상을 그대로 나타내었다. 머리 뒤로 보이는 좌우 어깨는 옆에서 보면 'S' 字 모양이어서, 부드럽게 선을 조식하였다. 앞발은 무거운 몸통과 머리를 지탱하느라 느낌이 힘들어 보인다.

눈은 동그랗게 떠서 좌측을 바라보는데 좌측에 뭐가 있을까?

이러한 것은 想想에 맡겨야 되지 않을까?

용의 부인인 鶴이 날아올까 기다리는지…….

신도비의 가장 특징은 연잎을 크게 둘러서 그 위에 비신을 세우는데, 대부분의 신도비에 나타나는 것이다.

연꽃은 탑비의 영향을 받아서 연화화생을 상징하는데, 조선왕조는 억불 정책을 펼쳤지만 死後를 관장하는 것이 유교에는 없기에, 불교적인 요소가 신도비를 세우는 데 가미되었다고 생각된다.

그림 9. 류자신 신도비 3

독특하고 재미있는 문화유산 이야기 上

(4) 한백겸 신도비

신도비에 관심을 갖게 된 경위는 한백겸의 신도비를 보는 순간 이후부터이다. 여주에 있는 한백겸의 신도비를 보는 순간 필자의 눈이 동그랗게 되었다. 그 이유는 다른 신도비보다 웅장하고 아름다움을 어디에 비교해야 될지 몰라 눈을 돌릴 수 없었고, 이러한 신도비를 왜 이제야 보았는지 하는 생각이 들었기 때문이다.

碑首는 2단으로 되었는데 네모난 1단에 보이는 조각은 어디에 내어 놓아도 손색이 없을 만큼, 아름답고 화려함의 극치를 보이고 있었다. 경기도에서 보이는 신도비 중에서 제일 큰 것으로 유일한 2단의 형식을 취하

그림 10. 신도비 상부

고 있다. 신도비를 보는 순간 이런 신도비가 우리나라에 있었다니 하는 말이 절로 나왔다. 지금까지 여러 신도비를 많이 보았지만 구암 한백겸의 신도비만큼 웅장하고, 특이한 비는 보지 못하였다. 필자의 거주지가 신도비 가까이 있으면 매일 보고 싶은 정말 아름다운 碑다.

그림 11. 한백겸 신도비 1

머리는 좌측으로 돌렸는데 한백겸 부친의 신도비에도 사진과 같은 모양이다. 눈은 삼각형으로 되어 있고, 코는 닳아서 보이지 않으며, 얼굴은 지구상의 거대한 뱀인 아나콘다 형상을 많이 닮았다. 그리고 옆에 보이는 이빨은 날카롭게 좌우로 나와 있어 공포감과 諧謔性(해학성)을 가지고 있다.

碑首는 상하 2단으로 되어 있고, 上段은 승려의 부도에 보이는 복발형이고, 측면에는 좌우로 사자(혹은 산예)를 새겼다. 獅子는 일반적인 눈높이로 보이지 않아, 필자의 승용차 지붕에 올라 겨우 보았다. 유학자의 신도비에서 사자의 모양을 해태라고 할 수 있지만, 필자의 생각은 통일성을 두어야 하기에, 사자라고 표현하였다.

신도비가 있는 곳은 한백겸의 묘로 올라가는 길목에 있으며, 여주 강천면 '가마섬'이라는 지역이다. 가마섬의 유래를 보면 수심이 깊고 물이 검은빛을 띠어 연못과 같이 동그랗게 생겨서 '가마섬'이라 하였다 한다.

그림 12. 비수의 상단 좌우에 있는 사자 像

그림 13. 고개를 돌린 얼굴

1. 碑의 받침(龜趺) 중 머리를 돌려서 표현한 것들　　　　　　　　　27

그림 14. 한백겸 신도비 2

여기의 신도비는 대형의 것으로 상단을 촬영하거나 전체적인 구도는
잘 나오지 않는데, 전문적인 사진작가가 아니라서 그런지 제대로 된 사진
이 나오지 않아 3번의 방문을 하였지만 사진 상태가 그저 그렇게 보인다.

신도비의 귀부가 머리를 돌린 것은 풍수상의 방수의 자리로 보는 시각
도 있지만, 다르게 생각하면 머리를 돌린 방향으로 부친의 묘가 있기 때
문인 것으로 보이지만, 어디까지나 혼자만의 생각이다.

370년 가까이 이 자리를 지키면서 왜 고개를 돌렸는지는 영원한 비밀
로 남을 것으로 보인다.

　　　　　　　　　　　　　　독특하고 재미있는 문화유산 이야기 上

(5) 봉선 홍경사 갈기비

천안에 있는 봉선 홍경사 갈기비는 고개를 돌린 碑 중에서 제일 오래된 것이며, 얼굴 형태가 공룡이 활동하는 시기의 모양과 제일 흡사하다.

봉선(奉先)은 고려 현종 때 세운 이 碑가 부친인 인종의 뜻을 받들어 지었기 때문인 것으로 알려져 있다. 귀부에 보이는 머리 뒤 목도리 모양은 사실적이고, 영화 〈쥬라기 공원〉을 보는 느낌이 날 정도이다.

얼굴을 보면 코는 크게 표현하였고 이빨은 날카롭게 되어 있다. 눈은 부릅뜨고 마치 뛰어나올 같은 느낌이지만 다행히 조각이라는 것이 안심이다.

그림 15. 귀부의 머리 모습

그림 16. 천안박물관에 있는 모형 봉선 홍경사 갈기비[1]

갈기비를 세운 이유를 알아보니 천안은 교통의 요지라, 강도가 많아서 사람들이 두려워하기에, 고려 현종이 佛法으로 사람들의 보호하기 위해,

---

1)   원래의 자리에 갈기비는 비각으로 인해 사진 전체가 나오지 않아서 천안 박물관 모형 사진을 넣었다.

봉선 홍경사와 광연 통화원이라는 숙소를 세웠다고 전해진다.

强盜들이 귀부의 얼굴을 보면 도망을 갈 정도로 무섭게 생겼다. 현재는 석탑부재와 갈기비만 남아 있다. 국가에서 할 일인 강도를 물리치는 것을 佛法에 의지한다는 것이, 생뚱맞기는 하나 고려가 불교의 나라이라는 것을 확인시켜 주는 자료의 하나인 것으로 생각된다.

그림 17. 천안 봉선 홍경사 갈기비 얼굴

1. 碑의 받침(龜趺) 중 머리를 돌려서 표현한 것들

(6) 심강 신도비

심강 신도비는 강화도를 답사 후 돌아오면서 들린 곳이다. 신도비 귀부의 머리가 돌린 것인 줄 모르고 찾아갔으며 비각 내부에 보존이 잘 되어 있다. 신도비에서 머리를 돌려서 제작된 것은 대부분 조선 후기에 나오지만, 심강의 신도비는 조선 중기의 작품이다.

심강의 신도비는 귀부가 우측으로 돌려져 있지만 앞발은 구부려져 있어, 앞으로 가려다 누군가 불러서 고개를 돌려 보는 경우로 보인다. 귀부는 비신에 비해서 작은 편에 속하고 심강의 묘는 신도비에서 조금 떨어진 곳에

그림 18. 심강 신도비 귀부 모습

있다. 귀부의 앞 이빨이 보여서 악어가 먹이를 노리는 듯한 모습이 보인다.

심강 신도비의 특징은 귀부의 머리가 돌아가 있는 것이지만, 빗돌이 귀부의 머리와 꼬리 방향으로 세워진 것이다. 이러한 碑는 성희안, 채세영, 심통원, 화산서원 비에서 보인다. 특히 성희안은 신도비도 빗돌이 옆으로 세웠지만 묘비도 그렇게 세워져 있어 다른 곳과 달리 특이한 경우이다.

그림 19. 심강 신도비 귀부

심강 또한 임금의 장인이라 고개를 돌린 비로 보아야 할 것으로 생각된다. 지금까지 고개를 돌린 신도비들이 대부분 왕실과 인척 관계가 되어 있기에 고개를 돌려서 만든 것으로 생각되기도 하지만, 극히 일부라서 단정하지는 못한다. 이와 같이 빗돌이 옆으로 세워진 경우는 책의 뒤편에서 다루겠다.

(7) 원주 비두리 귀부

원주 비두리에 있는 귀부와 碑首는 몸돌은 없으며, 地名도 비의 머리가 있는 동네라는 의미를 지닌다. 고개가 좌측으로 돌려져 있다. 한백겸의 신도비와 한효윤의 신도비 또한 좌측으로 돌렸기에 3좌의 신도비가 모양이 비슷하여 동일 집단 장인들의 작품으로 생각된다.

비수의 좌우 측면에는 용의 모습이 양각으로 새겨져 있다. 여의주를 손에 쥐고 하늘에서 용틀임하는 모습과 아름다운 구름 위를 나르는 모습을 활기차게 표현했다.

그림 20. 측면 모습

비두리에 있는 귀부와 이수는 누구의 비석인지 알려지지 않았으며, 원래의 위치는 후용리 용바위 골에 있던 것을 현재의 자리로 옮긴 것이다.

측면의 龍을 보면 뿔이 있고 꼬리는 달팽이처럼 말려 있으며, 눈은 크게 표현되어 있다. 오른발은 여의주를 발가락으로 꽉 쥐고 바라보고 있는 형상이다.

그림 21. 귀부 모습

비두리의 귀부는 좌측으로 고개를 돌렸는데, 목에 보이는 비늘이 사실적이고, 귀갑문은 비각 내부에 있어서 보존이 잘되었기에 선각이 선명하다. 귀부의 얼굴은 콧대가 굴곡이 있고 콧구멍 좌우로 龍鬚를 표현하였으며, 눈은 삼각형에 가깝고 눈썹도 표현되어 있어 재미있어 보인다. 특히 龍鬚鐵(용수철)의 어원이 된 龍鬚는 바람에 날리듯 귀 뒤편으로 넘어가게

독특하고 재미있는 문화유산 이야기 上

조각되었다.

비신이 없어 누구의 것인지 알려지지 않았으나. 한효윤의 신도비 귀부와 한백겸의 귀부의 모양이 비슷하여 연관성이 있을 것으로 생각되나, 연구가 많이 필요한 자료로 보인다.

3좌의 신도비는 고개를 돌린 것과 비슷한 위치 등을 조합하여 볼 때 석수장이나 신도비를 세우게 한 청주 한씨 후손들의 美的感覺이 대단함을 알 수 있으며, 작업을 한 석수들의 독창적인 기법으로 생각된다.

匠人들이 정성을 들여 제작하였고, 어디서 구해 왔는지 이렇게 좋은 돌로 조각하였을까. 지금의 우리가 아름다움과 환상적인 것을 볼 수 있다는 것이 얼마나 좋은 것인지 새삼 느껴지는 돌의 변화이다.

그림 22. 귀부 얼굴

그림 23. 귀부 정면

독특하고 재미있는 문화유산 이야기 上

(8) 조말생 신도비

조말생 신도비는 조선 숙종 33년(1707년)에 세워진 것인데, 원래 자리
는 고종 황제의 능이 있는 홍릉의 자리였다. 묘가 먼저 옮겨지고 1938년
에 신도비가 지금의 자리에 옮겨진 것이다.

그림 24. 조말생 신도비 전체

조말생 신도비는 답사 가기 전에 조사를 하여 갔는데, 실제 보니 생각했던 것보다 웅장하고 거대하여 압도되는 기분이었다.

귀부의 머리 부분은 마치 살아 있는 공룡의 얼굴을 보는 느낌이고, 눈동자는 사람의 주먹만 하며, 콧구멍, 발가락, 손가락 등의 표현은 이제까지 본 귀부의 표현 중에서 크기가 최대인 것으로 생각된다.

시흥에 있는 장유 선생의 신도비의 귀부가 제일 큰 것으로 생각하였는데, 조말생 신도비를 보니 필자의 생각이 달라졌다. 조말생 신도비의 귀부가 가장 큰 조각 작품인 것으로 이제 생각을 바꾸어야겠다. 전체의 크기는 장유 신도비가 제일이라 생각하고, 귀부는 조말생 신도비가 제일이다.

신도비의 앞인 얼굴의 무게가 많이 나가기에, 빗돌이 앞으로 고꾸라지는 것을 지탱하는 느낌이 많이 든다. 이러한 신도비가 향토 유적이라는 이름하에 초라하게 보존되고 있어 의아한 생각이 많이 든다.

그림 25. 옆에서 본 모습 1

독특하고 재미있는 문화유산 이야기 上

현재는 지정 문화재, 비지정 문화재라는 이름으로 분류를 하고 있지만, 만들 당시에는 최고의 석수장이와 최고의 재료로 만든 것이다. 다만 세월이 흘러서 처음만큼 아름답거나 웅장한 멋은 없다. 하지만, 국내에 남아 있는 신도비 중에서 가치를 떠나서 귀부 표현이나 비신의 팔작지붕의 표현 등이 아주 섬세해 아름다움을 어디에 내놓아도 손색이 없다는 생각이 든다.

그림 26. 옆에서 본 모습 2

조말생의 신도비의 귀부의 머리는 좌측으로 돌렸는데, 갸우뚱하는 모습처럼 보인다. 머리가 무거워서 고개를 빨리 돌리지 못하는 느낌이 들 정도이고, 앞발은 무거운 머리로 인해 넘어지는 것을 막기 위해 안간힘을 쓰고 있다. 코는 코뚜레가 없는 소와 같은 느낌이 들며, 드러낸 이빨은 순한 羊의 얼굴을 하였다.

얼굴을 제외하면 다른 신도비와는 큰 차이는 없으나, 만든 시기가 정확하고, 크기, 희소성 등을 종합할 때 향토 유적보다는 문화유산으로 지정하여 보호하여야 할 것으로 생각이 든다.

사람의 심리는 큰 것에 대한 두려움과 아름다움을 동시에 느낄 수 있다. 필자가 본 조말생의 신도비는 웅장함과 위압감 그 자체였다. 아름다움이란 사람의 마음을 움직이게 하는 것인데 이렇게 거대하고 팔작지붕의 표현의 섬세함이라는 것은 눈과 마음에 깊이 새겨지는 것이다.

(9) 나재 채수 신도비

나재 채수의 신도비는 비각 내부에 잘 보존되고 있으며, 무덤 또한 근처에 자리 잡고 있다. 2011년에 신도비를 보러 갈 때에는 고개를 돌린 작례 때문에 답사를 간 것이 아니고, 碑坐의 받침이 귀부의 얼굴이 우리가 아는 龍이나 또는 거북이가 아닌 것을 보러 간 것이었다.

그림 27. 귀부 옆모습 1

나재의 신도비는 龍도 아니고 거북이 얼굴도 아닌 해태이었고, 고개를 우측을 돌렸지만 하늘을 보고 있다. 전체적인 모습이 다른 곳의 귀부와 달리 귀갑이 보이지 않고 해태의 모습을 간직하여서 특이한 형태이다. 꼬리도 끝부분이 먼지털이 모양처럼 갈라져 있어 다른 신도비와는 다르다. 일반적으로 귀부는 용이나 거북이로 만들지만, 거북이 얼굴은 드물고 대부분 용의 얼굴로 장식을 한다.

　머리도 사자처럼 갈기가 보여서 다른 곳의 귀부와 달리 표현을 하였고, 匠人의 생각이 남달랐던 것으로 생각된다. 이러한 표현은 글을 쓸 때 필요한 硯滴(연적) 모양을 옮겨 놓은 듯한 느낌이 많이 든다.

그림 28. 귀부 옆모습 2

　오른쪽으로 머리를 돌렸는데 앞과 뒷발은 옆에 누가 있는지 살피듯이 보이고, 크기는 다른 곳과 달리 웅장함이 적지만 발상의 전환으로 만든 것이 인상적인 신도비의 귀부이다.

　碑首는 쌍용이 구름 위에서 춤추듯이 나래를 펼치는데 그 모습이 신비

로움과 아름다움이 같이 느껴지
며 용이 아닌 듯 맞는 듯 한 모
습이 퍽이나 인상적이다.

다만 신도비는 새긴 글자의
마모가 심하여 세운 년도를 알
수 없었던 것이 많이 아쉬우며
조선 초 · 중기의 작품으로는 대
단한 예술적 가치를 가지고 있
다고 본다. 통일신라와 고려시
대의 탑비의 형태에서 보이는
龍의 얼굴을 벗어나, 새로운 비
석 받침의 시발점으로 보고 싶
을 정도이다.

전국에 흩어져 있는 수령의
선정비(공덕비)에도 고개를 돌
린 것이 많이 보이고 龜趺의 얼

그림 29. 나재 신도비

굴이 용이 아닌 다른 모습이 많이 나타난다. 이러한 것은 비석을 세울 때
받침은 당나라의 영향력이 오랫동안 지속된 것이 조선시대에 와서 완전
히 탈피한 것으로 평가를 하고 싶다.

신도비 귀부의 얼굴을 자세히 관찰하면 해태처럼 보여야 하지만 도야
지 형상이 약간 보이고 심술궂은 개의 모습도 보인다.

그림 30. 나재 신도비 얼굴 모습

독특하고 재미있는 문화유산 이야기 上

(10) 분성 허씨 묘비

분성 허씨의 묘비는 답사를 하다가 우연히 본 묘비이다.

분성 허씨는 추정하기로는 김해 허씨의 갈래로 여겨지나 후손 되시는 분을 만나서 이야기를 나누었는데, 그분도 자세한 내력을 알지 못하시어 더 이상의 역사를 알 수 없었다. 청도군 일대와 합천군에 세거지가 있는 것으로 알려져 있다.

묘비의 비수는 쌍용이 있고 그 아래로는 연화문 조식이 보이며, 승려의 *浮屠*의 형식으로 되어 있지만, 귀부의 얼굴은 해태보다는 사자에 가까운데, 전체적인 모습이 마모가 많이 되

그림 31. 묘비 전체 사진

어서, 정확한 표현이 어렵다. 얼굴은 묘로 들어오는 입구를 바라보고 있어, 묘 지킴이 역할도 하는 것으로 생각된다.

1. 碑의 받침(龜趺) 중 머리를 돌려서 표현한 것들

그림 32. 묘비 옆모습

특히 꼬리의 표현이 다른 곳의 귀부와 달리 뒤에서 몸 앞으로 표현되어 있어 한가하게 노니는 듯하여, 편안함을 보여 주는데 눈은 고양이 눈을 하여 방심을 하지 않아 보인다.

신도비에서는 고개를 돌리는 표현이 많이 보이지만, 묘비에서 고개를 돌린 것은 드물고, 필자의 눈에는 두 번째로 보는 것이어서, 우연히 본 묘비가 아직도 눈에 선하다.

풀이 많은 여름에 답사를 가서 보고, 겨울에 다시 가서 본 묘비이지만, 조선 초중기의 작품으로 수작에 속하고, 지방에서 발상의 전환으로 용이 아닌 해태의 얼굴로 제작하였다는 것에 놀라울 따름이다.

채수의 신도비의 갈기나 발의 표현이 상세하여 해태를 생각하였지만, 분당 허씨의 묘비는 해태보다는 미국의 고양이 科 동물인 재규어 느낌이 든다.

독특하고 재미있는 문화유산 이야기 上

그림 33. 뒤에서 본 모습

1. 碑의 받침(龜趺) 중 머리를 돌려서 표현한 것들　　　　　　　　49

(11) 부석사 원융국사 비

부석사 원융국사 비는 일반인들이 보기 힘든 곳에 있다. 그곳에 가면 스님들의 수행 공간과 가까이 있어 조심스럽게 접근하여 보고 왔다.

원융국사 비의 귀부는 머리가 오른쪽으로 돌아가 있지만 거의 90도 가깝게 돌아가 있다.

그림 34. 귀부의 얼굴

귀부에서 얼굴이나 눈 등의 표현이 풍화로 인해, 마모가 되어서 용맹한 용의 모습은 보이지 않지만, 귀갑에 보이는 王字 문양이 화려했던 모습을 연상하게 한다. 귀부의 머리는 앞으로 약간 숙여져 있고 이빨이나 코의

독특하고 재미있는 문화유산 이야기 上

모양은 보이지 않아서 용의 얼굴 느낌이 약하다.

하지만 머리를 왼쪽으로 돌려서 보는 귀부 중 제일 빠른 시기의 작품인 천안의 봉선 홍경사 갈기비와 비슷한 시기이지만 시간적으로는 갈기비가 먼저 만들어지고, 부석사 원융국사 비가 만들어졌다.

비석 귀부의 머리를 돌리는 것이 고려시대부터 만들어졌다고 하여도 무방하다고 생각되기도 하나, 한반도는 전쟁을 많이 겪기도 하고, 불교 문화재의 수난이 많았기에 봉선 홍경사 갈기비나, 원융국사 비 외에도 많은 비석의 받침인 귀부가 존재하였을 것으로 생각된다. 이 부분은 많은 생각을 해야 할 것으로 보인다.

그림 35. 부석사 원융국사 비 귀부

(12) 관찰사 정태화 선정비

조선 후기 영의정을 역임한 정태화가 충청도 관찰사를 역임한 후에 세워진 선정비이며, 원래의 자리는 천안이다.

선정비는 다양하게 귀부가 나타난다. 탑비나 신도비처럼 크게 만들어진 것은 드물지만 귀부의 얼굴 표현은 여러 가지 모양이다. 신분에 따라서 귀부의 모습이 특징적인 것은 아니며 현감, 부사 등의 선정비에도 귀부를 조각하여 선정비를 세운 것이 있다.

정태화의 선정비 귀부는 비신에 비하여 귀부는 작은 편에 속하며, 머리

그림 36. 정태화 선정비 귀부

독특하고 재미있는 문화유산 이야기 上

를 돌린 각도가 많이 돌린 것이 아니다. 앞발이나 뒷발의 표현도 마모로 인해 자연스럽지 못하며, 목덜미에 보이는 주름의 표현은 굵은 표현이다. 비수에 보이는 쌍용의 표현은 하늘에서 춤추는 듯한 모습이고, 보주는 작게 표현되었다.

정태화가 충청도 관찰사에 임명된 것이 1637년이며, 사진의 선정비는 1639년에 세워진 것으로, 관찰사 퇴임 시기에 맞춰서 비를 세운 것으로

그림 37. 정태회 선정비 전체 모습

추정된다. 여러 지역에서 보이는 선정비에서 귀부의 표현은 드문 편이 아니며 조각의 솜씨는 일류의 작품으로는 보기는 힘든 것이 많다.

정태화 묘비에도 귀부를 하여 고개를 돌렸을까 하여 서울에 있는 동래 정씨 묘역에 가 보니 성태화 묘비는 아름다운 용이 새겨져 있고 귀부는 아니었다. 나중에 만인지상 일인지하인 영의정에 오르며, 전국에 관찰사를 역임한 후 벼슬이 올라 영의정이 되는 몇 명 있는데 그중 대표적인 인물로 생각된다.

그림 38. 비수의 쌍용

관찰사 정태화의 선정비의 귀부는 머리를 우측으로 돌려서 관심이 가고, 비수에 보이는 쌍용의 문양도 다른 碑에 비해서 아름답게 조각이 되었지만, 필자가 보기에는 앙증맞은 느낌이 많이 든다.

독특하고 재미있는 문화유산 이야기 上

그림 39. 옆에서 본 모습

　전체적인 모습이 개구리 모습도 보이고, 바다에 사는 海馬의 모습이 보이고, 발가락 표현이나, 보주의 표현이 다른 곳과 달리 아기자기한 것이 보인다.

　또 다른 느낌은 쌍어문에 나오는 물고기 형상도 보여서, 정태화 선정비는 보는 필자의 눈높이에 따라 달리 보인다. 혼자만의 생각인지 고개가 선정비의 머리처럼 갸웃거려진다.

　선정비가 많은 곳은 공주 공산성인데, 정태화의 선정비처럼 고개를 많이 돌린 것은 없었다. 정태화의 선정비는 보기 드문 것인데, 대전이나 충남에서는 보기 드문 작례이다. 정태화가 충청도 관찰사가 된 것은 1637년인데, 이 당시에는 선정비를 많이 세우는 시기로 전국 곳곳에 수령들의 공덕비가 세워졌다.

정태화처럼 나중에 영의정까지 오르는 경우가 있는데, 이러한 인물들이 많으며, 선정비 중 영의정을 역임한 인물들을 나열하면 전국에 곳곳에 남아 있다. 김육, 조인영, 정원용, 김좌근, 홍순목, 이유원, 이최응, 심순택, 심열, 이경여, 정태화, 이시백, 심지원, 김수흥, 이광좌, 채제공, 유척기 등등이다.

선정비를 세운 경우 재직 시에 세우는 경우가 대부분이지만 임기 말년에 세워서, 그 사실을 대부분은 벼슬아치들이 모르는 경우도 많이 생기고, 후손들이 선조들의 선정비를 세우는 경우도 있다. 위에 나열한 영의정을 지낸 인물들의 선정비 중에서 고개가 돌아간 碑를 필자는 보지 못하였지만 어딘가에 있을 수도 있다고 생각이 든다.

(13) 맹세형 신도비

碑首는 팔작지붕을 표현하였고, 그 아래 받침은 용의 얼굴을 한 귀부였다.

뒤에서 보면 머리가 좌측으로 돌아갔지만 그다지 角이 크지는 않아 목을 비튼 모습에 가깝다. 앞모습도 그러하고, 얼굴의 표현은 용면이고 이빨이 가지런히 보이고 뿔도 표현되어 있다. 탑비에서 뿔의 표현은 정수리에 구멍이 있어 그곳에 용 뿔을 꽂는데 여기서는 조각으로 표현하였다. 눈은 옆으로 크게 뜨고 코는 벌렁거리는 표현이 보이고, 정면에서 보면 엎드려서 경계를 하거나 아니면 날아오르는 듯이 있다.

그림 40. 뒤에서 본 모습

1. 碑의 받침(龜趺) 중 머리를 돌려서 표현한 것들

그림 41. 옆에서 본 모습

다른 신도비에 비해서 머리를 돌린 각도가 크진 않아서 머리를 돌린 작례에 넣으면 이와 비슷한 신도비나, 선정비 등을 포함시켜야 하는 어려움이 있다. 그렇지만 머리를 돌린 신도비가 드물고 송시열, 김수항 대가의 글씨와 전각이 있어서 포함하였다. 머리가 돌아간 귀부의 각도가 크진 않은 작례는 한꺼번에 소개를 할 계획이며, 전국의 선정비에서 많이 나타나기 때문이다.

또한 맹세형의 그 당시 행적이나 유명인들의 평가가 필자에게도 영향을 미친 것이다.

맹세형의 신도비가 신창 맹씨의 碑林에 옮겨 온 내력은 천안 광덕 쇳골에 건립되어 있었다. 시대의 변천에 따라 쇳골이 인적이 드문 깊은 산중으로 변하게 되어, 현재의 위치는 2013년에 옮긴 것이다.

그림 42. 맹세형 신도비

1. 碑의 받침(龜趺) 중 머리를 돌려서 표현한 것들　　　　　　　　59

(14) 심통원 신도비

심통원의 신도비는 처음부터 답사지에 포함되지 않았던 것이었다. 세조의 능인 광릉을 보고 나서, 걸어서 나오다가 우연히 본 신도비이다. 광릉을 가는데 노선 버스를 몰라 택시를 타고 갔다. 광릉 관람 후 버스를 기다리지 않고 무작정 걷다가 본 신도비이어서 기억이 오래 남는다. 2020년 여름휴가 때 다시 보고 온 신도비이다. 심통원은 조선 초·중기의 인물로 알려져 있다. 비수와 비신 그리고 귀부를 갖춘 신도비이지만 귀부의 얼굴이 우측으로 돌아가 있는 작례에 속한다. 심통원 신도비 귀부는 오른쪽으로 머리가 돌아가 있지만, 얼굴을 표현은 용에 가깝지 않으며 앞발은

그림 43. 옆에서 본 모습

구부린 형태이다. 눈과 코는 마모로 인해 잘 보이지 않는다.

신도비에 보이는 큰 특징은 몸통이 크게 조성되어 앞발과 뒷발은 그다지 크지 않게 보이는 것이다. 전체적인 조각 수준이 높지 않아 보이는 것도 있지만 귀갑문이나, 연잎의 표현도 불분명하다.

그림 44. 뒤에서 본 모습

(15) 한효윤 신도비

한효윤 신도비는 아들 한백겸 신도비, 원주 비두리 귀부와 같이 머리가 좌측으로 돌아간 작례이며, 비를 만든 조각 방법이 거의 비슷하여, 같은 장인 집단의 작품으로 생각된다. 세워진 연대는 1626년으로 한백겸의 신도비보다 18년이 빠른 시기이다.

그림 45. 뒤돌린 얼굴

귀부의 머리는 좌측으로 돌렸으며, 눈은 직각 삼각형이고, 송곳니가 날카롭게 표현되었다. 코는 자세히 들여다보면 고릴라의 코를 표현한 모습

그림 46. 한효윤 신도비

이 보여 다른 곳의 신도비와 달리 특이한데, 삼각형 눈과 함께 있어 무섭게 보인다. 필자의 느낌은 신도비 뒤편에 있는 무덤을 보호하는 느낌이 강하다. 귀갑은 육각이고 이중의 線으로 되어 있으며, 이빨이나 귀의 표현은 약하다.

아들인 한백겸의 신도비의 碑首는 2층의 구조이고, 한효윤의 신도비는 쌍용이 보주를 지키는 표현이나 발의 표현은 측면에 두었다. 귀부의 목은 짧고 몸뚱이에 붙여 조각을 하였다. 아들의 신도비에 비해 조각 기법이 많이 떨어지나, 원주 비두리 귀부와 김제남 귀부, 등에서는 머리를 돌려 만든 것이 임금의 처족[2]이라는 특별한 관계가 있지 않나 추정되지만, 아직 밝혀진 것은 없다.

신도비 중 머리가 좌우 어느 한쪽으로 돌린 경우는 유자신, 김제남, 민유중인데 國舅이었다. 민진후, 한백겸, 한효윤, 윤은보 등의 신도비도 머리를 돌렸는데 임금의 처족이라는 특징이 있다. 앞에 열거한 신도비들은 왕실과 혼인으로 맺어진 인척이라는 특징이 있고, 천안에 있는 봉선 홍경사 갈기비는 고려 왕실에 만들었다.

이러한 것을 보았을 때 이른 추정이지만 귀부의 머리가 돌아간 것은 왕실과 관련 있는 경우에만 세워지는 것으로 풀이할 수 있다. 하지만 신도비 이외의 碑에서 머리가 돌아간 것이 풀이되지 않아 아직 많은 연구가 필요하다.

한효윤 신도비는 덜 알려져 훼손이나 마모가 덜 되었으며 옛 모습을 잘 간직하고 있다. 신도비에 새겨진 명문은 깊게 새기지 않아서 지워진 글이 몇 자 보이므로 보호 조치를 해야 할 것으로 생각된다.

---

2) 한효윤의 신도비에 손녀가 인조의 정비인 인렬왕후이며, 아들인 한준겸의 딸이다.

그림 47. 신도비 碑首

그림 48. 신도비 귀부

1. 碑의 받침(龜趺) 중 머리를 돌려서 표현한 것들

(16) 유인선 효우비

　포천 유인선 효우비는 답사를 가기 전 충분히 조사를 하고 갔지만 도착하여 보니 민가만 보이고 효우비는 어디에 있는지 찾지를 못하였다. 이리저리 살피다가 인삼밭 주위에 비가 있어 찾아가려니 길도 보이지 않아서, 한참을 헤매다가 돌무지를 넘어가니 효우비가 보였다.

　화강암으로 되어 있는 비수는 팔작지붕을 표현하였으며 귀부는 거북이 얼굴이지만 부드러운 線의 느낌이 아니고 딱딱한 표현을 하여 다른 곳의 귀부와는 차이를 두었다.

그림 49. 효우비 귀부

그림 50. 효우비 전체 모습

　몸집에 비해서 얼굴은 크게 표현되었고 우측으로 고개를 돌렸다. 이빨은 보이지만 가지런하다 할 수 없고, 송곳니가 보이지만 그다지 무섭지 않다.

　코는 가로로 만들어 두 개의 구멍이 보이고 눈은 약간 튀어 나오게 하였다. 발의 표현은 작게 되어 있다.

　전체적인 비의 표현은 얼굴을 크게 하였고, 거북의 몸은 뒤는 작은 연잎을 새겼으나 둥글게 표현되었고 앞은 연 줄기가 있는 잎을 새겼다. 목은 짧고 주름은 물고기 비늘을 표현하여 다른 지역의 귀부와 다르게 조각되었다. 만든 匠人의 생각이 남달라 보이는 귀부이다.

유인선의 효우비는 특히 조선 초기의 문인이며 태산가를 지은 양사언의 글이 있어, 효우비의 가치를 더해 주고 있다.

일반적으로 효자에게는 효자각을 세워 주는 것인데 포천에 있는 효우비는 드문 것이다. 포천은 필자가 사는 울산에서는 먼 곳인데 효우비를 보려고 간 것은 아니었지만, 효우비라는 이름에 이끌려 답사지를 변경하면서 보고 온 碑이였다.

전국에 효자각은 많이 있는 데 비하여 효우비는 남한에 유일한 것으로 보인다. 효자각은 지붕을 만들어 보호하면서도 효우비는 아무런 조치를 하지 않다는 것과 위치가 관심이 없으면 쉽게 지나칠 수 있다는 것이 안

그림 51. 효우비 상부 전각

독특하고 재미있는 문화유산 이야기 上

타까울 따름이다.

효우비의 비수는 팔작지붕을 표현하였는데 가파르고 귀솟음이 확연하며, 부연의 표현도 상세하게 되어 있다. 귀부의 머리가 우측으로 돌린 것이 큰 특징이지만, 전국의 유일한 효우비란 것도 알아주었으면 한다.

(17) 윤은보 신도비

의정부에 있는 윤은보 신도비는 신숙주 묘역을 보고 난 뒤에 찾아갔으며, 대로변에 있지만, 주차를 할 곳이 마땅하지 않아 곤란함을 겪었다.

신도비각에 있는 귀부는 고개를 우측으로 돌렸으나 전체적인 모습은 마모가 많이 되어, 얼굴 표현이 불분명하여 보인다.

빗돌은 대리적으로 되어 있고 비수는 쌍용이 보주를 지키려고 하는 모

그림 52. 신도비 귀부

독특하고 재미있는 문화유산 이야기 上

습을 잘 새겼지만, 귀부의 전체는 풍화와 마모로 인해 처음의 아름다운 모습은 어디에도 없다. 목은 굵고 머리는 작게 되었으며, 눈과 귀는 거의 보이지 않는다. 귀부의 얼굴은 용두로 보아지나 마모로 인하여, 거북이 얼굴에 가깝다.

제작 당시의 모습이 조금 남아 있으나 마모로 인해, 격이 떨어진 것이 아쉬움이 남는다. 머리를 돌린 각도 크고,

碑首의 조각이 向 좌측은 위로 바라보고, 다른 하나의 용은 아래로 내려다 보는 대칭적인 모습이 특이한 구성으로 생각된다.

쌍용이 나란히 있지 않는 신도비는 상주의 채수 신도비에서 보여 위의 작례 외에도 있을 것으로 생각된다. 신도비의 귀부를 표현된 것이 남아 있었으면 하는 아쉬움이 남는다.

윤은보의 묘역 옆에는 아파트 단지가 있지만 묘역이 잘 보존되고 있어서 신도비나 문인석 등을 볼 수 있어서 다행스러웠다.

그림 53. 윤은보 신도비 전체 모습

독특하고 재미있는 문화유산 이야기 上

(18) 민진후 신도비

여주 민진후 신도비는 민가 입구에 있지만 관리 부실로 인하여, 눈살을 찌푸리게 하는 것이 처음 인상이었다.

명성황후 생가에 있는 부친의 신도비는 머리를 우측으로 돌렸지만 민진후 신도비는 반대로 좌로 고개를 돌렸다. 그렇지만 고개를 돌린 각도가 그리 크지 않다. 그리고 신도비의 귀부는 線이 굵게 조각되어 웅장한 느낌과 비수에 보이는 용이 인상적이다.

용의 입은 크게 벌렸는데 정면에서 보면 여의주가 보이지 않지만 측면

그림 54. 옆에서 본 모습

에서는 보인다. 귀부의 표현 중 입을 크게 벌린 작례는 거의 없는데, 민진후 신도비는 특이하게 입을 크게 벌려 용이 울부짖는 느낌이 강하게 든다.

그림 55. 민진후 신도비

뿔의 표현도 부드러운 곡선 처리하여 뒤로 자연스럽게 넘어가게 하였으며 코는 크게 만들어졌는데 용의 코의 특징인 돼지 코 형상은 보이지 않는다. 민진후의 무덤은 신도비 정면 방향에서 왼 산등성에 있어 신도비는 禮法에 따라 동쪽에 세웠다고 생각된다.

독특하고 재미있는 문화유산 이야기 上

다만 신도비는 주위는 자전거, 쓰레기 등등이 있기에 제대로 관리가 되었으면 하는 마음이 앞선다.

그림 56. 위에서 본 모습

이제까지 소개한 귀부의 얼굴은 대부분 용의 모습과는 조금 차이가 나지만, 민진후의 신도비는 용의 모습이 제대로 표현되어 있다. 목덜미를 보면 비늘과 뿔의 표현, 그 위로 보이는 연잎은 무늬가 선명하고 신도비가 관리 부실이지만 전체적인 모습 잘 보존되어 있다.

귀부의 몸집은 작으나 귀부의 머리는 크게 표현하였으며, 송곳니는 날카롭게 나왔다. 그리고 입 부분은 사이가 뚫려 있어 새로운 작례에 속한다. 발은 힘 있게 땅을 밟고 있으며 비신은 연꽃 위에 올렸다. 귀부는 장

대하고 박력이 넘치는 모습이 다른 신도비보다 더 그런 느낌이 난다. 비
수는 용 두 마리가 비비 꼬며 곧추세웠는데, 이러한 작례는 잘 보이지는
않지만,

진천 이집 묘갈, 이휘 신도비, 서산 김두징, 유명건 묘갈 등에서 보인
다. 용 두 마리가 비비 꼬는 경우는 아니지만 비슷한 형태의 묘갈이나 신
도비는 여러 군데서 보여 조선 후기의 신도비에 나타나는 하나의 특징으
로 생각된다.

신도비에 나타나는 인물에 대한 이야기도 곁들여 소개하면 좋지만, 귀
부의 모습에서 고개를 돌린 작례를 소개하는 글이라, 인물에 대한 이야기
는 하지 않는다. 인물의 誹은 양면성을 가지기에 어려운 것이기 때문이
다.

(19) 조선 태조 태실 비

조선을 건국한 태조의 태실 비는 충남 금산에 위치하고 있지만 처음 자리는 함경도이었다. 태실은 조선을 개국하고 이건하였는데, 현 위치에서 조금 떨어진 곳이 함경도에서 옮겨진 자리이다. 그 후 태실 석물 반출 사건이 나면서 훼손이 되었는데, 지역 주민들이 현재의 자리에 복원하여 놓았다. 북한에 있으면 못 볼 태실이지만 우리 곁에 있어, 조선의 태실 연구에 아주 중요한 유물이다.

전국 여러 곳에 임금의 태실 비가 있다. 귀부의 머리를 돌린 경우는 태

그림 57. 태실 비 귀부

조 이성계의 태실 비에서만 나타나는 것으로 생각되나 아직 전국의 태실 비 귀부를 다 못 보았기에 장담은 하지 못한다.

태조 태실 비 귀부의 머리는 비정상적으로 크고 고개를 돌린 角도 크지 않다. 코는 여의두문의 형상이 보이고 크게 만들어졌으며, 송곳니는 날카롭게 표현되었다.

험상궂은 모양으로 만들어진 귀부의 얼굴에 비해서 손이나 발의 표현은 억세게 되어 있지 않아 조선 왕실의 匠人의 작품으로 보이지 않는다. 지방에서 만든 것으로 생각되는 것은 귀부나 태실 비의 작품의 격이 조선을 개국한 태조라는 명성에 맞지 않게 화려하거나 웅대함 등이 보이지 않기 때문이다.

그림 58. 태실 비 뒷모습

이성계 태실 비에서 귀부의 머리가 특징이지만, 필자가 생각하는 다른 하나는 꼬리에 있다. 대부분 꼬리는 길게 만들어 몸통에 붙여 표현하거나, 왼쪽이나 오른쪽으로 틀어 표현하는 것을 보았다.

그러나 태조 태실 귀부의 꼬리는 천산갑 모양을 하고 있어 다른 곳의 귀부와는 많은 차이가 있다.

만드는 것은 장인의 생각이지만 보는 사람은 왜 이렇게 만들었을까 하는 의문이 남는 것이다. 만들 당시는 단순하게 만들거나 특별한 생각이 없었겠지만, 세월이 흐르고 하나의 석조 미술 작품으로 생각하면 왜 이렇

그림 59. 조선 태조 이성계 태실 비

1. 碑의 받침(龜趺) 중 머리를 돌려서 표현한 것들

게 만들었을까 하는 생각을 하기 마련이다. 작품의 표현은 장인의 상상력에 만들기 나름이고 그것을 해석하는 것도, 사람마다 다를 수 있다고 보기에, 필자는 특이하게 보는 것이다.

태조 태실 비 귀부의 꼬리 표현을 보면서 사람의 상상력은 무한대이며 그 생각을 돌에 나타내는 것도 대담한 표현으로 보아진다. 그 누구도 하지 않는 장인의 특별한 생각을……

(20) 충무공 이순신 신도비

아산에 있는 이 충무공 묘 입구에는 2좌의 신도비가 있는데, 그중에 비각에 있는 것이 이 충무공 신도비이다.

비수는 용 두 마리의 조각이 세련되고 아름답게 새겼다. 이 충무공을 기려서 만든 것이라 아름다움과 웅장함이 넘치는 우수한 작품이다. 귀부의 머리는 좌측으로 돌렸고 이빨은 교열이 고르지 못하다. 귀부는 碑首에 비하여 수준이 많이 떨어져 보인다. 귀부의 왼발은 앞으로 나아가려고 하는 동작처럼 보이고, 목은 짧고 코는 물고기 꼬리 모양처럼 되어 있다.

임진왜란에는 여러 명의 충무공이라는 시호를 받았는데, 나열하면 보

그림 60. 신도비 귀부

1. 碑의 받침(龜趺) 중 머리를 돌려서 표현한 것들

면 이수일, 정충신, 김시민이다. 그러나 이 충무공의 처음 시호는 충민이었다. 그러한 것은 조경남[3]선생이 쓴 문집인 난중잡록[4]에 나오며, 그 내용을 옮겨 본다.

- 중략 -

이때 도산(島山)의 왜적 괴수 청정(淸正)이 먼저 군사를 철수하여, 바다를 건너가니 변방이 씻은 듯이 깨끗해졌다. 노량(露梁)의 일이 들려오자 임금께서 슬퍼하시고, 이순신에게 숭록대부 의정부 좌의정을 추증하시고, 그 자손을 등용하게 하였다.
그 뒤 경자년에 시호를 충민(忠愍)이라 내리고, 비석을 전라의 좌수영(左水營)에다 세워 제사를 내렸다.

조경남 선생의 글에서 처음 시호가 충민이었다는 것을 알 수 있으며 여수에 있는 祠宇가 충민사로 이름되어 있는 것이 이 충무공의 처음 시호를 따서 이름 지은 것으로 보인다. 충무공 신도비에서 색다른 표현이 보이는데 이러한 표현은 다른 곳의 신도비에서 보이지 않는 유일한 작례로 생각된다.

뒷면 碑首에서 보이는 것은 장군이 말을 타고 하늘로 가는 모습이 새겨져 있다. 재미있고 특이한 작례인데 이 충무공에 대한 존경의 의미로 이순신 장군의 모습을 새겨 넣은 것으로 생각된다. 어떻게 이러한 생각을

---

3) 조경남(趙慶男): 본관은 한양(漢陽), 자는 선술(善述) 호는 산서(山西) · 산서병옹(山西病翁) · 산서처사 · 주몽당주인(晝夢堂主人). 전라북도 남원 출생이다.
4) 고전번역원 db에 있는 난중잡록에서 내용을 발췌하였다.

그림 61. 신도비 비수 뒷면

그림 62. 부여 국립박물관 금동 대향로

하였는지 모르지만 碑首는 용 두 마리가 여의주를 보호하기 위해 모든 조
각이 구성되는 데 비하여 이 충무공 신도비에서 말을 타고 가는 모습을
새긴 것은 참으로 신선하고 생각하지 못한 표현이다.

어떻게 생각하면 충격적으로 볼 수 있는 아주 재미있는 신도비 작례이다.

이순신 장군 신도비에 비슷한 그림이 있다. 부여 국립 박물관 대향로에 보면 말을 타고 가는 모습이 흡사하다. 향로는 제사에 사용하는 기구로 향을 피워 천신을 부르거나, 혼을 부르는 것으로 알려져 있다. 제사에서 향은 피워 死子(사자)의 혼을 부르는 것인데, 향을 피워 혼을 부르니 오실

그림 63. 충무공 이순신 신도비

독특하고 재미있는 문화유산 이야기 上

때나 가실 때 天馬를 타고 가라는 의미를 가진 것으로 생각된다.

신도비도 하늘과 땅의 기운을 연결해 주는 의미가 있기에, 이순신 장군께서 하늘로 오가실 때 천마를 타고 가시라는 의미로 필자는 생각하여 본다.

많은 신도비 중에서 이순신 장군의 신도비에만 천마를 타고 하늘로 가는 형태를 새긴 것은 충무공에 대한 백성들의 마음이 오랜 시간 동안 마음속에 각인되었다고 생각하여, 신도비를 만들 당시에, 백성이나 아니면 후손 등에 의해서 충무공 모습을 새기게 하였던 것으로 생각된다.

(21) 권민수 신도비

상주에 있는 권민수 신도비는 거북이 머리가 오른쪽으로 돌아갔다. 얼굴 모습이 여주에 있는 한백겸의 신도비의 거북이 얼굴과 흡사하다.

그림 64. 권민수 신도비 귀부

귀부의 모습은 다른 곳의 신도비보다는 작아 보이며, 목은 길지 않게 표현하였다. 웅장함과 거대함은 없지만 고개를 돌린 각도 크고, 비석을 받치는 바탕 돌을 작게 만들어서 넘어질까 하는 불안한 마음도 드는 신도

독특하고 재미있는 문화유산 이야기 上

비이다. 권민수의 묘는 풍수인들 사이에 잉어 명당으로 알려져 있고, 묘의 봉분은 자세히 살펴보면 8각으로 되어 있다.

신도비에 귀부의 고개가 돌린 경우를 보면 대부분 왕실과 인척 관계인 경우가 많이 보이는데, 권민수도 그러한 경우가 아닌가 하여 자료를 찾아 보니, 손녀가 중종의 아들인 덕양군에 출가를 하였다는 기록이 있기에, 귀부의 머리를 돌려서 만들었다고 생각되나, 어디까지나 필자의 생각이다.

신도비 외에도 선정비에서도 머리를 돌려 만든 귀부가 많이 있기에, 왕실과 관련성은 일부 추정은 가능하나, 확실하다고 할 수 없고, 왕실과 인척인 경우 신도비를 세울 때, 귀부의 머리를 돌려서 만들었다고 생각하지 못하는 것은 왕실과 인척들의 신도비를 다 못 보았기 때문이다.

그림 65. 고개 돌린 모습

귀부에 보이는 거북이 얼굴이 한백겸, 한효윤, 원주의 비두리 귀부와

비슷하여, 동일 집단의 장인 계열의 작품으로 생각되기도 하지만, 장담은
하지 못한다.

귀부의 얼굴을 보면 눈은 크게 만들어 멀리서 오는 나쁜 기운을 막는
모습이고, 코의 모양은 마모로 인해 완전한 형태는 아니며, 입은 다른 곳
의 신도비와 달리 굳게 다물어져 있다.

그림 66. 권민수 신도비

(22) 나주 정렬사 비

정렬사는 임진왜란 당시 의병장 김천일을 기리는 사당이며, 정렬사 碑
는 홍살문을 지나 들어가면 오른편에 자리 잡고 있다.

그림 67. 정렬사 비

정렬사 비는 1642년에 세웠는데 임진왜란 초기 의병 활동과 전투 상황을 정확하게 알 수 있어 중요한 역사의 자료로 평가받고 있다.

정렬사 비를 보러 갔더니 비각은 있지만 난간을 설치하지 않았는데 정렬사 관계자의 말에 의하면 사진 촬영이나 정렬사 비를 제대로 감상할 수 있게 하려고 난간을 설치하지 않았다고 한다. 현재는 정렬사 비각에는 난간을 설치해 두었다. 정렬사 비의 귀부는 머리가 좌로 돌려져 있다. 꼬리나 다리 얼굴 부분이 많이 훼손되고 뒤편에는 갈라짐이 보이고 있다. 발의 표현도 정확하지 않고 꼬리 부분은 원래의 모습은 아니다.

그림 68. 정렬사 귀부

귀부의 형체는 몸을 구부리고 쳐다보는 느낌이 들며 이빨은 드러내고 있지만 마모로 인해 그 표현력을 잃어버렸다. 임진왜란 당시의 의병 활동

독특하고 재미있는 문화유산 이야기 上

이나 전쟁 상황을 알 수 있는 정렬사 비는 비수와 비신, 귀부로 된 받침을 하고 있지만 다른 곳의 碑와 달리 원형을 잃었지만 기록을 남긴 비로써 가치를 지녔으며 옛 선인을 기리는 사당에서는 머리가 좌측으로 돌린 碑가 드물기에 오래도록 남아 있기를 기원하여 본다.

(23) 미황사 선원 귀부

해남 미황사 선원에 있는 귀부로 조선시대에 만들어진 것으로 추정되며, 옛 돌 박물관에서 미황사에 기증하여 현재의 자리에 위치하고 있다. 머리는 오른쪽으로 돌렸으나 각이 크지 않고 비신은 사라져 누구의 碑인지 알 수 없으며, 이끼와 풍화로 인해 아름다움을 잃어버린 형태이다.

비신은 없어졌으나 비수는 용 두 마리가 여의주를 지키기 위해 눈을 부릅뜨고 바라보고 있다. 용은 'S' 자 모양을 하고 있어 마치 하늘에 떠 있는 듯하게 표현되었다.

그림 69. 미황사 귀부 1

독특하고 재미있는 문화유산 이야기 上

그림 70. 미황사 귀부 2

　귀부의 머리는 마모로 인해 어떻게 표현하였는지 상상은 되지 않으나, 꼬리는 뒷부분 가운데에서 오른쪽으로 나오면서 털들이 퍼져 있어 먼지 털이의 모양이 보인다. 귀부의 꼬리는 대부분 말려서 올리거나 아니면 좌우로 길게 만드는 경우가 많은데 미황사 귀부는 그렇지 않다. 앞발과 뒷발은 웅크린 모양이어서 귀부의 얼굴이 용이 아니고 해태의 표현이 아닌가 하는 생각이 든다.

　조선시대에 보이는 귀부는 통일신라나, 고려시대에 보이는 용의 표현이 아니고, 다양한 표현이 보이는 것이 큰 특징이기에 그러한 추정을 하는 것이다.

그림 71. 해남 미황사 뒷부분

독특하고 재미있는 문화유산 이야기 上

(24) 논산 귀부

논산의 귀부는 길을 잘못 들어서 어느 곳에 들어갔는데, 차를 돌리려다 우연히 본 비석 받침이다.

그림 72. 논산 귀부

귀부의 머리는 오른쪽으로 돌렸는데 각도는 90도에 가까우며 이빨은 날카롭게 보이나 마모로 인해 거의 보이지 않는다. 전체적인 모습이 딱딱하게 느껴져 잘 만든 것은 아니라고 생각된다. 대부분의 선정비들이 잘 만든 것은 아니지만, 미리 만들거나 급하게 만든다고 생각되기에 예술적인 멋과 아름답다는 것을 느끼기 어렵다.

귀부에 보이는 귀갑의 상부는 넓게 조식되어 있지만, 아래는 문양은 마치 커튼을 연상하게 하는 모양이다. 전체적인 모습이 작고 둥글스럽게 만들어졌으며, 귀갑의 표현이 딱딱하고, 뒷발과 앞발은 귀엽게 보였다.

그림 73. 논산 귀부 뒤통수

논산의 귀부는 받침 형식을 보니 단순한 표현이 많이 보이기에, 조선시대에 만든 것으로 추정된다. 빗돌은 가까운 곳에 있는 선정비 群의 것으로 보인다.

앞의 사진에 보이는 귀부는 어쩌다가 여기 홀로 남아서 校庭에 있는지 알 수 없으나, 비석을 옮기는 과정에서 학교에 남은 것으로 추정된다. 그리고 다른 모습의 귀부도 있을 것으로 보이나, 필자가 본 것은 사진 속의

       독특하고 재미있는 문화유산 이야기 上

귀부 하나뿐이었다.

통일신라나 고려시대에 보이는 귀부는 아름답게 만들기도 하지만, 용머리나 거북머리는 생동감이 많이 드는 것이 특징이다. 조선시대에 보이는 선정비는 귀부를 대부분 단순하게 만들기도 하지만 다양한 모습이 큰 특징이다.

그림 74. 귀부 정면

(25) 나주목사 구봉서 선정비

　금성관(錦城館)은 나주 대표하는 문화유산이다. 그곳에 비석군이 있는데 원래는 금성관 向 우측에 있었으나 어느 날 가 보니 금성관 입구 왼편에 비석군이 있었다.

　그중에 나주목사 구봉서 비가 있는데 2좌이다. 하나는 아주 독특하게 머리를 표현하였는데 고개를 뒤로 젖히거나 아니면, 뒤로 돌리는 경우가 보이는데 여기서는 귀부가 정면으로 보이지 않고, 우측으로 돌려 보게 만들었다. 누워서 잘 때 고개를 돌려 자는 듯한 형태로 표현하였다.

그림 75. 나주목사 구봉서 비 1

　　　　　　　　　　독특하고 재미있는 문화유산 이야기 上

앞에서 나열한 신도비 등에서 나온 모습이 아니고 짧은 고개만 돌려서, 만든 형태이기에 여기에 포함시켰다. 눈은 옆으로 보지 않고 정면으로 향하게 만들어 누군가를 지켜보는 느낌이 드는데 만든 匠人의 예술적 감각으로 생각된다.

독특하다는 것은 눈에 잘 띄게 마련인데, 목사 구봉서가 나주 지역 백성들의 잘 다스리고, 선정을 베풀었기에 귀부를 고개를 돌려 만들어 자주 보라는 의미로 풀이되지만 어디까지나 필자의 생각이다.

그림 76. 나주목사 구봉서 비 2

1. 碑의 받침(龜趺) 중 머리를 돌려서 표현한 것들

(26) 상주 곽존중 신도비

    상주 공검면에 있는 나제 채수의 신도비를 보러 갔더니 묘역에서 가까운 곳에 고개를 돌린 신도비가 보였다. 郭公의 신도비라고 되었는데 나중에 알아보니 諱는 조선 초기의 인물인 곽존중이었다.

그림 77. 상주 곽존중 신도비 1

독특하고 재미있는 문화유산 이야기 上

귀부는 거북이 얼굴이 아니고 師子를 연상하게 하는 모습이고, 현대에 만들어진 신도비로 보인다. 갈기가 있어 사자의 얼굴을 한 형태이다. 나주에 있는 목사 구봉서의 선정비와 비슷한 구도이고 웅장하게 만든 것으로 생각된다. 사자의 등에 보이는 연화문은 다른 귀부에서 보이는 것으로 사자의 형상에 연화받침을 한 신도비이다. 사자를 받침으로 한 작례는 현대에도 많이 보이지만 조선시대에 만든 망주석에도 보인다.

그림 78. 상주 곽존중 신도비 2

새롭게 만든 신도비는 烏石으로 된 碑身에 화려한 조각이 귀부에 나타나지만, 웅장한 크기가 시선을 먼저 빼앗는다. 처음 방문 당시에는 사진만 찍어서 저장해 두었는데, 뭔가 마음에 들지 않아서 시간을 내서 다시 재촬영을 하였다. 지금은 문화유산으로 가치는 덜 하지만 고개를 돌린 귀부에 작례에 포함시켜서 누구든지 알았으면 하는 생각이 많이 드는 신도비이다.

(27) 진주 허추 묘 망주석

龜趺는 대부분 거북이 몸에 용의 얼굴이나 아니면, 거북이 형상을 한 것이 대부분이다. 그러나 사자가 비석을 받치는 경우는 보기 드문데 하마비에서 그러한 경우가 보인다. 전주 경기전 앞의 하마비는 쌍 사자가 받침을 한 경우이지만 다른 곳에서는 보기 힘든 작례인데 진주 허추 묘 역에서 발견된 망주석에는 사자가 받침을 하였고 고개를 뒤로 돌린 경우이다.

그림 79. 허추 묘 망주석

독특하고 재미있는 문화유산 이야기 上

그림 80. 허추 묘 망주석 사자

獅子가 앉아서 편히 쉴 때 보니 고개를 앞으로 약간 돌려서 주시하는 것처럼 보였다. 허추 묘의 망주석은 앞을 바라보지 않고 뒤로 고개를 돌렸는데, 필자가 보기에는 사자는 정면으로 앉아 있지 않고 뒤를 응시하고 있다고 생각된다.

지금의 형태는 개(犬)의 모습이 약간 보이긴 하나, 조선 초·중기에 만들어진 망주석의 받침은 마모가 되었지만, 만들 당시에는 獅子의 모습이 확연하였을 것으로 생각된다. 앞의 사진에 나오는 것은 특이한 망주석의 작례에서 다루기에 깊게 언급은 하지 않는다.

　세워진 망주석 정면을 보면 사자가 고개를 돌린 모양이고, 사자의 특징인 갈기가 잘 드러나게 만들었다.

독특하고 재미있는 문화유산 이야기 上

(28) 함양 기효각 귀부

함양 기효각은 烈婦와 孝子를 기리는 곳으로 기효각 내부에는 2좌의 碑가 있는데, 귀부가 목(고개)을 돌려서 만든 형태이다. 向 좌측의 비는 열부의 비로서 고개를 왼쪽으로 돌려서 만들고, 우측의 비는 오른편으로 돌려서 서로 마주 보게 되어 있다.

그림 81. 함양 기효각

기효각 인물에 대한 자료는 후손들과 연락을 하려 함양군청에 문의하니 모른다 하여, 열부와 효자의 관계가 부부인지는 알지 못하지만, 필자의 추정으로는 부부로 생각된다.

그래서 귀부가 마주 보며 만든 것으로 생각된다. 기효각 외부의 장식은 일제 강점기 때 만들었기에, 일본 문화의 영향이 있었다고 생각되지만 내부의 그림이나, 귀부의 형태는 한반도적인 것으로 보인다.

2좌의 귀부는 寶珠를 입에 물고 이빨은 날카롭게 표현되었으며 거북의 몸에는 연잎으로 덮여 있어 한반도적인 것으로 보았다.

그림 82. 기효각 우측 귀부

독특하고 재미있는 문화유산 이야기 上

여러 곳에 효자각과 정려각이 있지만 부부(필자의 추정)의 것은 거의 보이지 않은 것으로 생각되며, 고개를 돌려서 만든 부부의 것은 귀하고 귀한 작례로 생각되지만, 한반도에 더 있을 것으로 추정되지만 기효각 외에는 쌍으로 된 귀부의 고개를 돌려서 만든 것을 보지 못하였기에 그렇다.

그림 83. 기효각 좌측 귀부

(29) 안동 귀부

비의 받침인 귀부 중에서 고개를 돌린 작례를 연구하다가 문득 현대에서 그러한 작례의 귀부가 있지 않을까 하여, 보러 다녔는데 안동 지역에서 만든 碑 중에 고개를 돌려 만든 것을 보았다.

그림 84. 송파재사 비

독특하고 재미있는 문화유산 이야기 上

안동 권씨 송파재사에서 본 신도비인데 고개를 좌측으로 들렸으며, 전체적인 모양도 아름답게 만들었다.

현대에 만들어진 신도비에서도 고개를 좌우로 어느 한쪽으로 돌려서 만든다는 것은 색다른 멋이 있기도 하다. 지붕의 아랫부분을 보면 용의 몸통을 조각하였는데, 생동감이 넘치게 되어 있어 현대의 작품이지만 걸

그림 85. 송파재사 비 측면

1. 碑의 받침(龜趺) 중 머리를 돌려서 표현한 것들

작으로 생각된다. 안동 지역이 아니더라도 현대에 만든 비석 중에서, 귀부의 고개가 돌린 것이 있을 수 있다고 생각한다.

앞의 글들이 필자의 생각이 담긴 것이지만, 문화유산을 공부하고 연구하다 보니, 이러한 작례를 모아 본 것이다. 다른 분들도 필자와 같은 생각이 있어 나름대로 정리를 하였다고, 생각된다. 그것은 그분들을 생각을 하여서 글을 쓰던가 아니면, 다른 방향으로 생각을 할 수 있을 것으로 보인다.

이제까지 글을 쓴 것은 비석의 받침이 귀부들 중, 고개(머리)가 좌우 어느 한 쪽으로 돌려서 만든 것을 나열하였다. 총 작례는 29개이나 필자가 가진 자료는 더 많이 있지만, 한 가지 주제를 가지고 길게 가면 재미가 반감되기에 여기에서 접고 다른 주제를 가지고 글을 써 보려 한다.

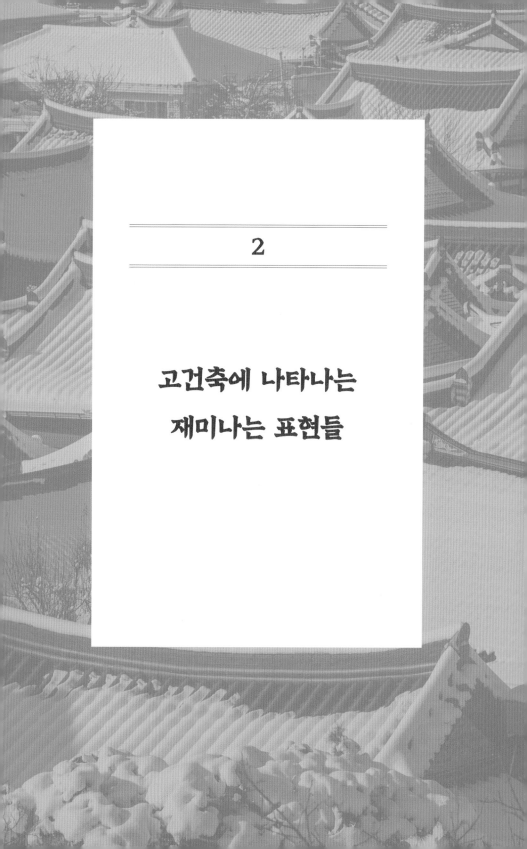

2

고건축에 나타나는
재미나는 표현들

건축이라는 용어는 일본인들이 만든 것이다. 우리가 쓰고 있는 문화 용어는 거의 80%는 일본인 만든 용어로 보면 된다. 어디에든, 일본의 영향이 없는 것은 없다고 본다. 토기, 민속, 민요, 안상 등등 학술 용어들이 우리의 모든 문화가 학문적으로 자리 잡기 전에, 일본은 그것을 학문적으로 접근하여 만든 용어들이 우리에게 일반화되어 있는 것을 보면 아쉽다는 생각이 많이 든다.

특히 건축이라는 용어도 일본인들이 만든 것인데, 우리에게는 영건(營建)이라는 용어가 있지만 낯선 이름이다. 조선의 모든 것들은 조선 왕실 중심으로 만들기에, 민간인들이 쓰는 용어는 남아 있는 것이 많지 않다.

고건축의 재료는 나무이어서 그림이나 조각이 다양한 표현이 많다. 그중에 아름답거나 재미있는 것을 모아 보면 우리가 생각하지 않은 것을 볼 수 있다.

화반에 나타나는 모양을 보면 대부분 화분에 꽃을 담아 둔 모양이지만 다르게 표현도 있고, 사자나 토끼 등의 동물 표현도 있다. 도깨비 모양이나 사람의 형상도 보이기에 다양한 것을 나열하여 글을 써 보았다.

(1) 게 모양 화반

임실에 있는 어느 정자를 구경하는데 자세히 보니, 화반을 꽃게 모양으로 장식을 하였다. 꽃게의 앞발이 소로를 꽉 잡고 있는 것이 재미있다.

화반은 꽃 모양으로 만드는데 여기의 정자는 게 모양을 하였는데, 몸통은 파란 구슬의 느낌이 나는 모양으로 하였다. 바다에 사는 게가 정자에 와서 소로를 붙잡으며 떨어지지 않으려고 하는 것은 장인의 손길이 그렇게 만들었지만, 화반에서 바다 동물의 표현은 보기 드물기에, 필자의 눈

그림 86. 게 모양 화반

은 깊게 보는 것이다.

게는 한자로 蟹(해)인데 해로를 뜻하는 알려져 있다. 그러므로 정자에는 대부분 어르신들이 모여서 담소를 나누는 곳이다. 그러한 곳에 게가 있는 백년해로를 기원하고, 長壽하시라는 의미로 게를 화반으로 표현하였다고 생각이 든다.

古 건축물을 찾아 돌아다녀 보면 화반이 있는 것도 있고 없는 곳도 있지만, 대부분 꽃으로 장식하고, 꽃병으로 된 것을 보았지만 게를 장식한 표현은 드물어서 보는 것만으로도 좋은 것이다.

(2) 龍이나 鬼面으로 표현된 것들

고건축 중에서 용면을 귀면상과 또는 도깨비로 보는 형상이 있다. 이러한 것들도 많이 있을 것 같아서, 사진 촬영을 하였지만, 오래된 목조 건물에서 보이는 것만 골라서 올려 본다. 누구는 용면이다, 귀면이다 하지만 여기서 그러한 것은 다루지 않고 형상만 나열하여 간단한 설명만 할 것이다.

합천 삼가면 기양루 화반으로 처음에 볼 때는 도깨비로 생각하였지만, 자세히 보니 용의 얼굴이었다. 뿔이 두 개이고 눈이 부리부리하게 표현되었고, 송곳니가 크게 나와 있으며, 용 주위로는 당초문을 새겼다.

완주 송광사 명부전에 보이는 용의 얼굴이며, 전각 정면 좌우에 표현하

그림 87. 기양루 용 모양 화반

그림 88. 완주 송광사 용 모양 화반

였다. 전각 뒤편에는 없으며, 단청은 화려하게 표현되었지만 용의 얼굴은 단청을 하지 않고 옻칠만 하여서 눈에 먼저 들어온다. 3개의 小累에 걸린 듯 한 모습도 있으며, 용의 눈은 점안을 하지 않아서 더 무서워 보인다. 중후한 모습이 더욱 이채로우며, 다른 곳의 용의 얼굴보다는 크고 독특한 표현으로 생각도 든다.

밀양 영남루는 자주 가서 보고 왔지만, 처음부터 화반에 관심을 가진 것이 아니고, 우연히 화반을 보다가 다른 것과 달라서, 저게 무슨 모양인 가 싶어서 사진을 촬영하였는데, 자세히 보니 귀면으로 되어 있었다.

코는 붉고, 평퍼짐하지만 전체적인 모습은 꽃을 그려 넣은 것으로 생 각되고, 눈 주위는 파란색인데, 문어의 발처럼 되어 있다. 얼굴과 머리와 귀 등은 꼬불꼬불하다. 이빨은 네모, 세모로 되어 있어 잡귀를 막아 주는 기능이 있다고 생각된다. 창방 위에서 멀리서 다가오는 잡귀를 쫓아내고,

그림 89. 밀양 영남루 귀면 화반

火魔가 오는 것을 막아 내는 것이라 생각도 들지만, 무서운 얼굴로 보이고, 자세히 보면 꽃을 연상되기도 한다.

지금은 조류 등이 둥지를 틀지 못하게 그물을 쳐 놓아서 자세히 보이지는 않지만, 영남루에는 다른 곳에 보기 힘든 귀면과 아름다운 경치를 감상하여 보는 것도 괜찮은 것 같다.

그림 90. 신광사 대웅전

장수군 신광사에는 큰 용의 얼굴이 화반으로 만들어져 있다. 대웅전 포
벽에 가로로 나란히 있으며 좌측으로부터 청자색, 황색, 청색의 용의 얼
굴이 있다. 지장불을 모시는 명부전에도 2개의 용면이 있지만 대웅전과
모습을 완전히 다르고 황용과 청용으로 되어 있다.

신광사에서는 어떠한 이유로 크게 용의 얼굴을 만들었는지는 자세히
알려지지 않았으며, 대웅전이나 명부전이 대형의 건축물은 아니기에 아
주 독특한 대형의 용의 얼굴은 어디에서나 볼 수 없는 것이다. 처음 신광
사를 방문할 당시에는 대웅전이 공사 중이라 자세하게 볼 수 없었지만,
몇 년이 지난 후 신광사를 방문하여 다시 촬영을 하여 용면을 보았는데
처음 느낌보다는 더 웅장한 느낌이 들었다. 차 한 잔 내어 주시는 비구니
스님의 따뜻한 정을 느끼며, 장수군에서 답사는 오랜 기억이 남는 곳이
되었다.

그림 91. 신광사 대웅전 좌측 용

　　　　　　　　독특하고 재미있는 문화유산 이야기 上

신광사 대웅전 포벽에 보이는 용으로 색깔은 고려청자에 보이는 비색처럼 하였다. 小물 두 개를 머리에 이고 있고, 머리는 동심원으로 표현하였다. 눈썹은 물고기가 마치 물속으로 뛰어 드는 모습이다. 눈은 노란색 바탕에 검은 눈동자로 되어 있다. 코는 부처가 앉은 모습과 평창 적멸보궁에 보이는 다라니 도상을 많이 닮았다는 생각이 든다.

그 옆에는 청색과 주황색을 꽃으로 장식되었다. 수염은 흰색이며 이빨은 3개이고 날카롭게 조성되었지만 흰 이빨이 아니고 용의 가장자리 색과 같은 것으로 되어 있다. 창방을 받침으로 하고 있어 매우 안정적인 느낌이 든다.

그림 92. 신광사 대웅전 가운데 용

대웅전 보이는 3개의 龍 중에 가운데에 있는 것으로, 얼굴은 황룡이고 눈썹은 옅은 청자색이다. 눈은 흰 바탕에 검은 눈동자로 하였고, 코의 표현은 다라니 상으로 보이는데, 입체적 표현이라 더욱 눈에 띈다.

그 옆에는 적색, 청색의 꽃으로 장식되었다. 흰 수염은 날아가면서 바람을 맞은 듯 펴져 있고 이빨은 흰색으로 아랫니, 윗니를 표현하였지만, 아랫니 2개는 날카롭게 되어 있다.

황색은 임금의 상징으로 대웅전 중앙에 표현하여 전각 내에 주존불을 나타내는 것으로 생각되며 일반적으로 사찰에는 청룡과 황룡이 대칭적으로 나타내지만 신원사 대웅전은 3개의 龍으로 장식되어 다른 사찰과는 차이를 보이고 있다.

그림 93. 신광사 대웅전 우측 용

신광사 대웅전에 보이는 청룡이다. 눈은 노란 바탕에 검은 눈동자로 코는 다라니 도상을 닮았으며, 좌우로 흰색의 꽃과 노란색을 꽃을 두었다. 입은 크게 벌려 이빨이 보이게 하였는데, 아랫니 2개는 날카롭게 위로 솟

　　　　　　　　　　　　　　독특하고 재미있는 문화유산 이야기 上

았다. 청색으로 된 얼굴과 흰 눈썹은 쌍어문을 떠올리게 한다.

신광사 대웅전 외부에 보이는 3개의 龍과 전각 내부의 불상과의 연관성은 알아내지 못하였지만, 전국 어디서에서도 대형의 龍面은 보기 힘든 작례이다.

화반으로 된 龍面은 어떻게 보면 무섭기도 하지만, 여기의 모습은 무서움보다는 친근함마저 드는 것이라, 한번 보면 또 보고 싶은 고건축의 표현으로 생각된다. 대웅전 외에도 명부전 좌우에 또 다른 작례의 龍이 있어 색다른 맛이 난다.

3개의 용 중에서 가장 큰 특징은 코의 표현이고, 코털을 꽃으로 표현한 것은 아주 재미있는 것이다.

명부전 좌측 용　　　　　　　　　　명부전 우측 용

신광사 명부전에 보이는 용인데 청룡과 황룡으로 되어 있고, 구성은 눈동자가 좌측용은 아래로 쏠리고 우측용은 위로 눈동자를 향하게 하였다. 돼지 코를 한 용은 입은 크게 벌려 이빨은 다 드러내고 있어, 무서운 얼굴보다는 개구쟁이 같은 모습이 친근감이 넘치는 모습이다.

신광사에는 대웅전에 3개의 龍과 명부전에 2개의 龍이 있는데. 여러 곳의 사찰과는 많은 차이를 보이는 용이었다. 근엄하고 무서운 얼굴도 아니어서 용이란 존재를 재밌게 표현하였다. 생각을 해 보면 匠人이 용에 대한 생각을 다른 사람들과 같이 무서운 존재로 생각하지 않고, 친근감이 드는 것으로 생각을 하여 만든 것으로, 눈동자의 표현과 이빨을 보이는 용의 표현은 우리가 생각하는 용을 다시 한번 돌아보는 계기를 만든 것이다.

누구는 용면이다, 귀면이다, 하지만 그것은 학자들의 논쟁이고, 신광사에 보이는 용 조각상에 대한 모습을 어떻게 저런 모양으로 만들려고 생각을 하였을까 하는 것이 우선되면 더 좋을 것으로 보아진다.

역귀를 쫓아내려면 귀면을 쓰고, 놀라게 하여 역귀들을 물리쳤다는 옛이야기들이 있으니, 신광사도 그러한 마음으로 처음에는 귀면으로 만들었다는 생각되고, 나중에 부처님의 탄생 설화에 나오는 九龍 전설에 의하여 귀면이 龍面으로 변한 것으로 추정되고, 그리고 입을 벌리고 송곳 같은 이빨은 내보이니 무서워하는 중생을 위하여, 해학적인 것이 오늘날의 모습으로 남아 있는 것으로 해석된다.

처음 방문하는 날에는 신광사 대웅전이 보수 공사 중이어서 제대로 보지 못했다. 시간을 내어 햇볕이 내리쬐는 여름날에 재방문한 신광사는 비구니 스님의 얼음을 띄운 오미자차 한 잔은 뜨거운 여름을 잊게 하였는데 아직도 생각난다.

그림 94. 기장향교 풍화루 화반 1

기장향교 풍화루에 있는 청룡과 황룡이다. 충량을 만들면서 용의 몸으로 하고 끝부분을 용의 얼굴로 만들었다.

청룡과 황룡이 있는 곳은 향교 삼문을 지나 개방된 풍화루에 오르면 있다. 기둥에 많은 용을 조각하였지만 충량 부재에 보이는 용은 풍화루에 보이는 다른 용과는 많은 차이를 보이고 있다.

용은 보와 보 사이에 있으며, 눈동자는 검게 하였으나 동그랗게 뜨고, 돼지 코 모양과 뿔은 멧돼지에서 보이는 이빨처럼 되어 있다. 이빨은 위에서 아래로 여덟 팔 자 모양으로 나와 있어 덧니처럼 보인다.

코는 빨갛게 되어 있어 막걸리 한잔을 마신 것처럼 보이는데, 좌우로는 봉황이 눈을 부라리며 용을 지켜보고 있다. 충량에 보이는 용은 곡선으로 만들지만 기장향교의 용은 거의 일직선이다. 밀양 영남루에 보이는 충량의 용이 곡선으로 되어 있어, 용 모양으로 볼 수 있는 작품 중에서 제일인 것으로 생각된다.

기장향교는 답사는 2013년도에 갔는데 그 당시에 찍은 사진을 보니, 자료로는 부족하여 2020년 겨울에 가서 다시 사진 촬영을 하였다. 전국의 많은 누각에는 용을 조각하였는데 화반이나 기둥과 충량에 많이 하는데 기장 향교 풍화루의 용의 경우처럼 특이한 것은 보이지 않는다. 다만 곳곳의 龍이 개성이 있지만 그 많은 것을 다 글로 표현하기는 어려워 기억에 남는 것만 글을 써 본다.

그림 95. 기장향교 풍화루 화반 2

기장향교 누각인 풍화루는 용의 천국이다. 단청에도 龍이요, 보아지도 용으로 되어 있고, 귀포와 창방과 창방이 만나는 내부에도 용으로 장식되어 있다. 누각의 이름이 풍화루이지만 용화루라는 이름으로 불러도 손색이 없다.

그중에 구미 수다사의 용과 비슷한 작례를 보이는 것도 있으며, 입은 크게 벌려서 붉은 여의주를 입에 물고 떨어질까 눈치를 보는 듯한 모양도 있고, 어린아이가 장난처럼 물건을 감추고 모른 척하는 모습도 있다.

청룡과 황룡으로 되어 있어 진리는 2개가 아니고 하나라는 의미가 내포된 용들이 누각 곳곳에 있다. 여기에서 공부를 하면 과거 급제하는 양반은 많았을까?

등용문은 중국 황하의 상류에 물고기 오르면 용이 된다는 전설이 있기에 기장향교 풍화루에 오르는 것이 혹시 등용문을 상징하여 많은 용을 만들지 않았을까 하는 생각이 든다.

향교는 국가에서 인재를 양성하는 공간이지만, 지금은 특정 지역에 있는 이름난 입시 학원에 들어가서 공부하는 학생들이 많아져서, 유명학원이 현대의 등용문이 되고 있는 현실에서 기장향교 풍화루나 다른 곳의 龍들이 더 이상 등용문의 상징이 되지 않음을 현실로 받아들여야 한다.

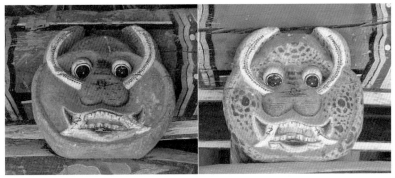

기장향교 풍화루 충량에 보이는 황룡과 청룡

황룡과 청룡이 나란히 보고 있는 충량은 전국에 어디에도 보이고 있지만, 다른 곳과 달리 뿔과 이빨이 특징이 필자의 기억 속에 남는데 재미있고 남다른 생각이 앞의 사진과 같은 모양으로 용을 나타냈다고 생각이 든다.

전설에 나오는 용처럼 근엄하고 아름답게 만들면 그러니 하고 지나칠 수 있지만, 남과 다르게 만든 것은 오래도록 기억되기 마련이다.

기장향교 풍화루

여기에 올라라
등용문은 황하에 있지
아니하고
가까운 누각에 있느니라!
科擧는 過去이지만

여기는 누구나 오를 수
있으니
머나 먼 한양 길
이제는 철마로 가니
사모관대를 하고
錦衣還鄕 하여라!

(3) 창방에 올라온 두꺼비

  비가 오는 날이나 습기가 많은 날에 보이는 두꺼비가 누각에는 왜 올랐을까? 노란 두꺼비, 파란 두꺼비는 힘들게 장혀(장여)를 받치고 있는데, 힘들게 왜 그렇게 하고 있을까? 비가 오기를 기다리나! 나무로 만든 누각이 행여 불이 날까 하여 지키고 있는지도 모를 일이다.

  기양루에 있는 2마리의 두꺼비는 외부에서는 편액 때문에 보이지 않으며, 누각에 올라야 보이는 것이다.

그림 96. 합천 삼가 기양루 두꺼비

  화반 좌우에 청색과 황색으로 되어 있으며 고건축에서 두꺼비 조각은 극히 드문 표현이다. 두꺼비는 은혜를 갚는 靈物로 알려져 있으며 고건축에서 두꺼비는 화재에 약한 나무로 지어진 기양루에 화재라는 액난을 피하기 위하여 만들어진 것으로 추정된다. 또한 두꺼비는 수호신 역할도 하고, 악귀를 막아 주기에 관아 건물의 하나인 기양루에 두꺼비를 표현한

그림 97. 합천 삼가 기양루 1

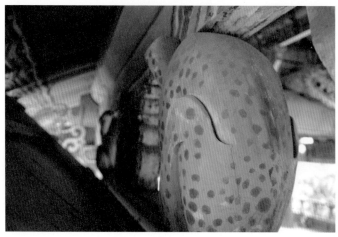

그림 98. 합천 삼가 기양루 2

독특하고 재미있는 문화유산 이야기 上

것으로 생각되기도 한다. 두꺼비의 머리는 보이지 않으며 다리는 통통하게 표현되었고 앞발은 장혀를 잡고 있고 뒷다리는 창방에 고정되어 있다.

일반적으로 목조 구조에는 불이 나는 경우가 종종 있으므로, 물을 뜻하는 글자인 '水'나 바다를 뜻하는 '海'를 조각하여 만든 경우가 있고, 양산의 통도사와 같이 조그마한 단지에 소금을 담아 불이 나지 않도록 하는 기원하는 것들이 있지만, 영물인 두꺼비를 만들어 누각에 장식한 것은 필자도 처음 보는 작례이다.

선조들의 기발한 발상이 필자의 눈에는 재미있고 기억에 오래 남는다.

(4) 지붕 위에 올라온 사자 무리

선산객사 용마루에 있는 사자 4마리는 무슨 생각으로 그 위에 올랐을까? 궁궐의 지붕 위에는 잡상이라 하여 동물상을 조각하여 올려놓았지만, 지방 관아의 건물에 사자를 올려놓아서 궁금증은 더해 간다.

객사는 궐패나 전패를 두고 주상전하의 만수무강을 기원하는 의식을 하는 공간이다. 그래서 궁궐과 格이 같은 건물이라 생각하였기에, 雜像과 비슷한 사자를 용마루에 올려놓았다고 생각하지만, 사자는 붓다와 관계되는 동물이다.

王卽佛 사상이 객사에 나타나는 것이 아닌가 하는 생각도 들지만, 모를 일이다. 여러 가지 想想을 하여 보지만 답은 없는 법, 어느 누구나 생각을 하여 대입하는 것이 그게 맞는 것이다.

전국에 남아 있는 객사 건물 중에 다른 곳은 보이지 않고 선산 객사에만 있으니 더욱 특이한 것이다. 객사는 관아의 주요 건축물이지만 궁궐과 깊은 관계가 있는 것으로, 내부에는 전패와 궐패(闕牌)을 두었으며, 조정에서 관리가 내려오면 숙소나 연회 장소로 쓰였던 곳이다.

그러한 곳에 獅子를 지붕에 올린 것을 보았을 때 필자의 생각은 통일신라에 왕릉에 보이는 사자를 연상하였으며, 사방을 경계하고 지키는 사자를 지붕에 올렸다는 것은 예상하지 못한 생각이고, 객사의 격이 올라가는 느낌이 많이 든다.

독특하고 재미있는 문화유산 이야기 上

그림 99. 선산 객사 지붕에 올라온 사자

선산 객사는 여러 번 가서 사진 촬영을 하였는데 어떤 때는 차가 막혀 각도가 나오지 않고, 사진기 배터리가 다 되어서 그냥 오곤 하였다. 고건 축에는 볼거리가 많지만 표현력이 부족한 필자가 글로 다 표현하지 못한 것은 지식의 한계로 생각된다.

우리나라 문화유산도 곳곳에 볼 것이 많이 있다는 것이 매력이다. 많은 문화재를 보고 감탄을 하지만, 특이하고 아름다운 것도 자주 보면 식상하 지만 그러한 것은 어디나 마찬가지이다. 갈 때마다 색다른 멋과 아름다움 이 시간과 날씨 등이 감정을 변화를 일으키기에, 그때마다 달라지므로 자 주 보는 것도 괜찮다는 생각도 든다.

특히 지붕에 표현은 대부분 용마루 끝부분에 조각을 하는 경우가 많은데, 선산객사의 지붕에는 사자 모양을 두어 멀리서 볼 수 있고 국내에서는 자주 보기 어려운 작례로 보인다.

독특하고 재미있는 문화유산 이야기 上

(5) 합각지붕에 보이는 재미난 표현

  예천에는 울산 군수를 지낸 김복일 선생의 묘를 찾아가다가 우연히 들린 곳이 병암정이다. 커다란 바위 위에 자리 잡은 병암정은 겨울이라 운치는 덜하지만, 바위 윗부분에 새겨진 屛巖이라는 이름이 뜻하듯이 병풍 모양의 바위 위에 亭子가 자리 잡았다.

그림 100. 병암정

  병암정은 일반적인 정자에 비하여 크게 되었는데, 병풍처럼 펼쳐진 바위가 커서 그에 맞게 짓느라 정자를 크게 지은 것으로 생각되며, 사진상에 보이는 '병암'이라는 글자도 커 보인다.

병암정은 일제강점기에 예천 지역의 대표적 독립운동가인 중산(重山) 권원하(權元河, 1898~1936) 선생과 인연이 깊은 곳이다. 권원하 선생이 낙향하여 기거하던 곳으로 중산 선생은 1919년 3·1 운동 후 만주로 망명, 신흥무관학교 제4기 졸업생으로 졸업한 뒤 군정서의 밀명을 띠고 입국하여 군자금 조달 및 무관생도 모집 등 활동을 하다가 동지들과 함께 체포되어 2년 동안 옥고를 치렀다. 출옥 후에 예천에서 신문 지국을 운영하면서 은밀히 항일운동을 계속하였으며, 1927년에는 예천군 내 청년대회를 개최하고 신간회를 적극적으로 지원할 것을 결의하는 등 구국운동을 펴셨던 분으로 알려졌다.

병암정은 드라마 촬영지로 알려져 있는데, 2006년 방영되었던 KBS 드라마 〈황진이〉를 주 무대로 찍었던 곳이고, 꽃잎 뿌려진 길을 걸어 황진이(하지원)와 김은호(장근석)가 데이트를 즐기던 곳, 첫 키스 장면, 반지를 끼워 주며 '오즉여, 여즉오(吾則汝, 汝則吾)'의 사랑을 고백하던 장면, 마침내 이루지 못한 사랑에 은호가 죽음을 맞던 장면 등 최고의 명장면을 찍었던 곳이 병암정이다. 이러한 병암정에서는 아름다운 경치나 풍류를 생각하여야 하지만, 필자는 정자의 합각지붕에서 보이는 재미있는 그림에 주목하였다.

고건축에서 합각지붕이 나오려면 팔작지붕으로 하여야 하며, 좌우에 삼각형 모양의 합각지붕이 나타난다. 사찰에는 '卍' 자나 간단한 문양이 보이지만, 병암정 합각지붕에는 안경을 쓰고 깡마른 얼굴을 조각을 하였는데, 누구를 표현하였는지 모를 일이다.

독특하고 재미있는 문화유산 이야기 上

어쩌면 병암정에 머물면서 자연을 벗 삼고 손수 농사를 짓는 초야의 주인인지, 아니면 산전수전 다 겪은 말년의 늙은이인지는 알 수 없지만 합각지붕에 인물을 표현했다는 것이 특이한 발상으로 생각된다.

병암정에 오는 이가 누구인가를 살펴야 하기에 높은 곳에서 아래를 내려다보는 것인지, 아니면 병암정 아래에 있는 물 위에 보이는 아름다운 경치를 바라보게 하였는지 알 수 없지만 합각에 사람의 형상을 그림을 넣었다는 것은 기발한 발상이고 다른 고건축에서는 볼 수 없는 것이다.

그림 101. 예천 병암정

팔작지붕에서 보이는 삼각형의 모형의 합각지붕에는 정자마다 아름다운 무늬를 넣은 곳은 많지만 여기서는 병암정만 소개하기로 한다.

여기서는 노인의 형상을 넣었지만 어떤 곳은 글자를 넣은 곳도 있고 꽃을 넣은 곳도 있으며 사찰의 건물에는 여러 가지의 불교 관련 형상도 많지만 여기서 줄이기로 한다.

(6) 함양 紀孝閣

일반적으로 효자각은 단순하게 만드는 것이 대부분인데 필자가 본 기효각은 그러한 시각을 완전히 벗어나게 하는 것이었다. 그래서 여러 자료를 찾아 보니 일본 사람들이 우리나라와 비슷한 효자각이나 정려각을 만들 때 기효각처럼 화려하게 만든다고 한다. 기효각이 일제 강점기 때 만들어졌기에 다른 곳보다 화려하게 만든 것으로 추정된다. 기효각[5]에는 2좌의 비석이 있는데 오른쪽은 참봉 김광택의 효자비인데, 그의 지극한 효성에 대한 비문은 1925년 정만조가 글을 짓고 송지헌이 글을 썼다.

왼쪽 비석은 열부 진양 강씨의 비석인데 그는 김광택의 아내로 부모 봉양에 정성을 다하고, 남편이 병에 걸렸을 때 백방으로 약을 구해 달여 드렸고, 곁을 떠나지 않고 간호하였으나 효험이 없자 지성으로 기도하여, 결국은 하늘이 감복하여 낫게 하였다고 전해지고 있다.

비각의 건축 양식이 정교하고 아름다우며 주초석을 해태로 각하여 받쳤고, 네 사면의 벽에는 여러 신상[6]을 조각한 정교성은 문화재 자료로 귀중한 가치가 있다. 그리고 이 비각 앞에는 김광보의 선덕비가 있다.

우리가 아는 효자각은 碑를 세워 효자가 누구인지 알 수 있는데, 간단하게 효자 누구누구 새기고 작은 팔작지붕을 짓는 것이 일반적이고 열녀

---

5) 기효각 자료는 함양군청 홈페이지에서 발췌하였다.
6) 함양군청 홈페이지 자료에는 12지상이라 하였지만 직접 보니 12지신 상은 없었다.

각도 효자각이나 큰 차이는 없다. 그러나 함양에 있는 紀孝閣은 다른 효자각과 다르게 화려함이 넘쳐 난다 할 정도로, 많은 공을 들여 만든 것으로 보인다.

지붕은 단장을 다시 하여 옛 멋은 없지만 그 외의 것은 코끼리, 용 화반, 쌍용 등등으로 장식하여, 어디에도 볼 수 없는 장관을 연출하였다.

그림 102. 기효각 정면

기효각 면면을 간단하게 살펴보기로 한다. 팔작지붕에 4 방향에 활주를 두고 2중 기단을 하고 정면 3칸에 측면 1칸인데, 주초는 귀부로 장식하였다. 편액은 기효각이라 되어 있고, 가운데 기둥은 용으로 장식을 하였는데 좌우에도 용이 있다.

向 오른편 상단에는 화반을 하고 그 아래로는 흰 코끼리가 있고 그 아

래는 홍살이 있으며, 그 아래로는 새 4마리가 날고 있고, 좌우에는 색이 있는 쥐 2마리[7]를 각각 표현하였다. 흰 코끼리와 쥐는 어떠한 의미가 있는지 불교적인 요소를 표현하였는지 의문만 든다.

向오른편에서 좌로 보면 龍화반이 있고 그 아래로는 쌍용이 얼굴을 서로 달리하여 되어 있으며, 龍화반은 청룡으로 표현되었는데, 교차하는 용의 표현은 청룡과 황룡으로 하였다.

그림 103. 기효각 정면 우측

흰 코끼리나 쌍용은 화반의 일종으로 소로에 의해 매달린 형태로 보인다. 어떠한 의미가 있을 것이나 해석이 되지 않아 답답하여 오랫동안 보아도 눈은 즐거운데 머리는 띵하다. 화려한 단청도 되어 있어 어쩌면 화

---

7) 필자가 보기에는 쥐로 보았다. 장인이 다른 것을 만들었을 수도 있는데, 필자가 그 의도를 모를 수 있다고 생각한다.

려하게 장식을 하려는데 중점을 두고 의미는 없을지도 모를 일이다.

만든 장인의 탁월한 생각이 여기에 남아 있는 것으로 생각되지만 기효각을 만들 시기가 일제 강점기인데 그 당시는 일본 사람들의 사상과 문화가 있었기에 영향을 받은 것으로 생각된다. 한편으로는 용 화반이나 쌍용의 표현 등은 한반도 사람의 문화이어서 일본과 한반도 고유의 것이 섞여 있는 것으로 풀이된다. 다만 기효각의 주인과 대화는 하지 못하였기에 섣불리 장담은 하지 못한다.

국내에 남아 있는 많은 효자각이나 정려각이 기효각과 만드는 방식이 차이는 있지만, 효자각과 정려각은 우리 고유의 문화가 남아 있는 것이고, 함양 기효각은 국내에 아주 특이한 작례에 속하는 효자각으로 인식을 하여야 할 것으로 필자는 생각된다.

세월이 흘러 현재 남아 있는 효자각이나 정려각보다 더 아름답고 특이한 것이 세워질지 모르지만, 기효각의 특징은 잘 보존되기를 바라여 본다.

그림 104. 기효각 정면 왼편

기효각 정면에서 좌측에 보이는 것은 우측과 조금 달리 제작되었다.

그림 105. 하단의 조각도, 정면의 좌우가 같다.

코끼리는 흰색이 아니고, 연하늘색 느낌이 나는 모습이다. 우측과 대칭되게 되어 있으나 약간의 변화를 주었다. 몇 가지 표현된 것 중에 잘 보이지 않는 것을 자세히 보도록 한다.

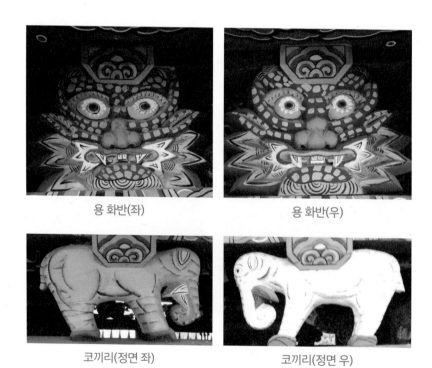

용 화반(좌)

용 화반(우)

코끼리(정면 좌)

코끼리(정면 우)

독특하고 재미있는 문화유산 이야기 上

그림 107. 기효각 서편

기효각 서편에 조각은 정면과 많이 차이가 나는데 흰색의 범과 검은 줄무늬로 된 범이 마주 보며 있고 그 아래로는 무엇을 표현하였는지 곰곰이 생각을 해 보았는데 필자는 표범으로 보았으며 특이한 것은 무늬에 동심원을 넣은 것이 인상적이고 몸에 보이는 색은 상상을 하여 칠한 것으로 생각된다.

특히 왼편에 보이는 표범의 무늬는 다른 동물보다 더욱 선명하게 눈에 들어오는 것은 녹색이라는 특징이 있기 때문일 것이다.

표범 옆 기둥에는 피리를 부는 사람을 표현을 하였는데, 타고 있는 것이 개(犬)로 보였는데, 백구와 황구로 표현되었다.

우리가 무엇을 타고 간다는 것은 조선시대나 일제강점기에는 말이나 소를 타고 가는 것을 일반적인 표현인데, 여기서는 개를 타고 간다는 것이 무엇을 뜻하는지 알 수가 없지만, 하얀 개를 타고 하늘을 나는 것은 승진, 취업 등의 행운이 따른 것인데 여기서는 피리를 불고 가는 것이라 연결이 되지 않는다.

추정으로는 기효각 내부에 있는 열녀비와 효자비 명문에 기효각에 새겨진 조각에 대한 열쇠가 있지 않을까 생각되기도 하는데, 들어가지 못하여 확인을 하지 못하였다.

왼편 초석 부근에 보이는 조각은 혼례를 표현한 것으로 생각되며, 가마에 신부를 태우고 신랑의 본가로 가는 것으로 보이고 그 아래로는 물고기 한 마리가 있다. 가마꾼은 보이지 않지만 조각을 자세히 보았을 때 그렇게 추정되는 것이다. 오른편 초석 부근에 보이는 문양은 필자가 보기에 당초문을 표현한 것으로 보인다.

그림 108. 기효각 뒷면의 우측

기효각의 뒤편의 조각은 앞과 큰 차이는 없지만 창방 위의 화반이 앞과 다른데 마치 난(蘭)을 그리듯이 하였고 끝부분은 고사리 모양으로 마감을 하였다.

흰 코끼리와 화반에 사이에는 둥근 동자주를 세웠는데 꽃이 핀 것을 표현하였으며, 흰 코끼리와 청룡 화반이나 아래의 쥐 그리고 4마리의 새의 표현은 정면과 차이가 없다.

그림 109. 기효각 뒷면의 좌측

그림 110. 기효각 아랫부분

기효각 뒷면의 조각 표현도 정면과 큰 차이는 없으며, 우측과 같이 화반이 있고, 꽃이 핀 동자주(童子柱) 모양을 표현한 것이 보인다. 그리고 우측 아랫부분은 조각 표현이 다른데, 앞에서는 쥐의 조각이 있었지만 뒷면에는 항아리를 실은 배의 뒷부분과 배 위에서 구슬을 빠뜨려서 손을 뻗어 잡으려는 조각의 표현되어 있다. 앞의 조각 표현에서 어떠한 사연이 있을 터이지만 알 수가 없다는 것이다.

기효각 동편의 표현에 보이는 것은 서편과 차이는 없으나, 서편에는 내부로 들어가는 門이 있기에 조각 표현이 많이 없고, 동편에서 눈에 띄는 것은 연화화생을 표현한 것과 아래 부분에 조각의 표현이 세 부분으로 나누어져 있는데, 같은 내용이었다.

함양군청에 소개된 기효각의 자료에는 12지 像이 표현되었다고 하나, 자세히 보면 그러한 표현은 아닌 것으로 보이고, 12지 像 중에는 보이는 것은 범과 쥐의 조각만이 있었다.

기효각에 보이는 인물의 후손이나 만든 匠人을 만났으면 만든 경위와 조각 하나하나의 사연을 들을 수 있었을 터인데, 그러한 것을 하지 못한 것이 가장 아쉽다. 기효각과 관련된 후손의 상의 없이 글을 쓴다는 것도 잘못된 것으로 생각되지만 한편으로는 이렇게 아름다운 조각과 환상적인 것을 알려야 한다는 것이 필자의 생각이다. 후손의 동의를 얻으려고 함양군청에 문의하였지만 모른다는 답변이 와서 무례를 무릅쓰고 글을 쓴다.

함양을 대표하는 것은 大館林이지만 필자의 생각은 기효각은 대관림[8]과 함께 함양을 대표하는 상징적인 존재로 부각시켰으면 하지만, 일본 사람들의 영향을 받아서 그런지 필자는 문화유산적 가치는 다시 생각을 하였으면 한다.

---

8) 상림의 원래 이름이 대관림이며, 일제강점기에 홍수로 인해 대관림이 상하로 나누어졌다.

그림 111. 기효각 동편

기효각 동편은 서편과 차이는 門이 있다는 것과 연화화생의 그림이 두 개인 것이다. 서편에는 개를 타고 피리를 부는 것을 표현하였으나, 동편은 좌우로 연화화생의 그림을 표현하였는데 추정하건데 내부에 碑銘에 새겨진 두 분의 극락왕생을 기원하는 불교적인 요소를 표현한 것으로 생각된다. 맨 아래의 그림 또한 세 부분으로 나누어 있지만 같은 내용의 반복으로 보이고, 서편과 차이는 없다. 전국을 돌아다녔다고 자부하지만 아직도 모르는 것이 많으며, 생각하지도 않은 것이 한반도 곳곳에 있다고 생각하면, 우리의 것은 참으로 생각보다도 많이 있고 숨겨진 보물이 많은 것으로 생각하여도 무방하다고 본다.

앞으로 어떤 것이 나올지, 더 있을지는 모를 일이기에 더욱 말(馬)을 달리고 달려야 할 것으로 생각한다.

(7) 나주 長春亭

　亭子는 시원한 물과 아름다운 계곡에 세워서 풍류나 자연을 감상하는 곳으로 알려져 있다. 이러한 정자에 나타나는 특이한 것이나, 아름다운 모습을 찾아서 글로 쓰는데, 필자의 눈높이에 맞추어 써 보는 것이며, 필자가 한반도의 정자를 다 보지 못하였기에 몇 개의 정자만 소개한다.

　먼저 나주 장춘정은 나주시 다시면 죽산리 화동마을에 있는 정자이며, 마을 서편에 자리 잡았는데, 일반적인 亭子와는 차이는 없다. 다만 필자는 보는 것은 다른 것이 아니라 목조 거북이의 존재이다. 거북이는 碑나 기둥을 세울 때 받침으로 사용되는 경우가 많은데, 여기서는 그러한 것이 반대의 모양으로 되어 있다.

　장춘정의 초석에는 거북이를 받침을 하지 않았는데, 지붕을 받치는 활주에 거북이를 조각하였으나, 초석이 아니라 활주 상부와 지붕 사이에 목

조 거북이를 장식하여서 다른 곳과는 생소한 느낌이 드는 것이다.

　거북이는 물과 육지를 오가는 동물이라 『별주부전』에서 보듯이, 토끼를 용궁으로 데리고 가거나, 용왕의 使者의 신분으로 활동하는 것으로 나오지만 여기서는 그러한 것이 아니고, 활주 꼭대기에서 지붕을 떠받치는 것으로 표현되었는데, 필자의 생각은 지붕이 하늘이라 하여 받치는 것으로 생각되는데, 만들 당시의 匠人이나, 정자의 주인의 생각은 왜 거북이가 천장을 받치게 만들었을까 하는 생각도 들기도 하지만 의문만 남는 것은 그 당시의 생각을 읽을 수 없기 때문일 것이다.

　지붕을 거꾸로 하면 집은 배가 되고 거북이는 넓고 넓은 하늘을 지고 있는 것으로 생각되지만, 어디까지나 필자의 생각이고. 『장춘정기(藏春亭記)』를 통해서 보면 장춘정이란 이름은 겨울에도 시들지 않는 숲과 사시장절(四時長節) 피는 꽃들이 항상 봄을 간직한 듯하다 하여 장춘(藏春)이라 하였다. 거북이는 장수와 관계되기에 장춘정이 오랫동안 보존되기를 원하는 마음을 독특하게 표현한 것으로 풀이된다.

사람의 눈에는 잘 보이지 않은 위치에 있지만, 봄이나 여름이나 사시사철은 거북과 정자는 항상 그곳에 있을 것이고, 영구히 보존될 것으로 생각된다.

그리고 일반적으로 거북이를 받침으로 사용하는 곳은 비석의 받침과, 기둥의 받침에서 보이지만, 활주에서는 거의 보이지 않는 작례이며, 활주의 아랫부분이 아니고 상부에 조각을 하는 경우는 장춘정이 유일하지 않나 하는 생각이 든다.

(8) 합천 浩然亭

합천의 호연정은 처음 방문을 할 당시에는 가을이라 아름다운 은행나무와 정자의 部材를 보면서 많은 생각을 한 기억이 난 곳이었다.

따뜻한 햇볕이 내리는 곳에 단청을 하지 않은 정자의 모습은 왜 이제 보았을까 하는 생각이 먼저 들었으며, 특히 여러 부재가 휘어진 것을 그대로 사용되어 마치 꿈틀되는 용과 같은 장식적인 면이 있고, 창방의 부재는 둥글게 되어 있어, 일곱 무늬 무지개를 연상하는 아름다움이 있다.

호연정은 다양한 양식이 혼합되어 있고 자연적인 멋이 있어 운치가 가득

그림 112. 호연정

하여 조선시대의 亭子 중 특이하고, 인공적인 면이 적어서 백미로 꼽힌다.

필자의 생각은 이러한 생각을 한 조선시대 건축 장인의 천재성과 예술성을 찬란하게 보여 주는 아름다운 정자로 생각되고, 기둥과 대들보 단청을 하지 않은 나무 표면이나 뒤틀림이 거의 없는 것이, 조선 중기 때 지어진 것이지만 원형 보존이 잘되어 있는 것으로 보인다.

정자는 경치가 좋은 강변에 세우는 것인데 여기는 푸른 황강이 지나가고, 지금은 대로가 지나가는 옆이라 많은 사람들이 다녀가는 곳이기도 한다. 여름에 피는 백일홍과 가을에 노랗게 물드는 은행나무는 호연정이라는 이름에 걸맞게 호연지기를 지닐 수 있을 것으로도 생각된다. 물에는 하늘에 보이는 구름이 보여 마치 하늘에서 세상을 내려다보는 느낌이 날 것이다.

그림 113. 왼 측면 사진

그림 114. 측면 사진

아름다운 나뭇결과 향이 나는 백일홍과 노오란 은행은 마치 仙境을 나타낼 것으로 생각된다. 가을날, 봄날 누군가와 같이 가면 더욱 아름다움이 묻어나며, 여기에 세운 호연정은 匠人의 천재적인 예술성이 천년 동안 남을 것이다.

(9) 獅子를 표현한 것들

사자는 그림이나 돌로 표현하는 경우와 기와에 조각을 새기는 것이 많지만, 건축에서 보기는 드문 편이다. 특히 입체 표현은 보기 드문 것이다.

그림 115. 구층암 요사채 사자

위의 사진은 구층암 요사채에 보이는 사자이며 귀여운 모습이다. 앞으로 나아가는 모습이 인상적이며 몸은 평면이지만 얼굴은 튀어나왔고 고개를 돌린 표현이다. 사자가 고개를 돌린 표현은 창방에 그림으로 표현하는 경우가 있지만, 얼굴을 입체적으로 표현하고 木 조각으로는 보기 힘든 작례이다.

구층암 壽世殿에 보이는 목 조각인데 사자를 표현하였는지, 개(犬)인지는 어렵지 않게 구별 가능하지만, 개보다는 불교적 요소인 사자로 보는 것이 맞지 않겠냐 하는 생각도 든다. 얼굴만 입체로 표현하였고, 뒤로 돌아보는 듯한 모습이 애처롭게 보인다.

그림 116. 구층암 사자

화엄사 구층암 요사채와 수세전에 보이는 입체형의 조각은 고건축에서 보이는 재미있는 표현이다. 위의 모습은 바람을 가르며 달려가는 모습이 잘 나타나고 있다. 입체적 표현을 잘 나타내어 마치 살아 있는 듯한 모습이다. 단청이 색이 남아 있었으면 더 사실적이 않았나 하는 생각도 든다.

화엄사 구층암에는 많은 조각이 사실적 표현과 입체적 표현이 많은 것도 또 볼거리라 생각이 든다. 필자의 생각은 하나는 사자로 보았지만 수세전의 조각은 무슨 동물인지는 알아내지 못하였다.

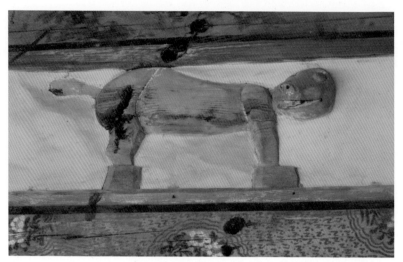

그림 117. 구층암

처음에는 사자가 아닌 개로 보았지만 불교에서 개는 상상이 가지 않아서 상상의 동물로 보아도 무방하지만 사자를 만들려고 하다가 실수로 다른 모양을 하였는지, 아니면 처음부터 이 세상에 없는 동물을 조각하려고 하였는지는 모두의 상상에 맡겨야 한다.

상상은 무궁무진하여 어떠한 형상도 만들 수 있으며, 상상은 끝이 없기 때문이다. 보는 사람 마음에 따라 달라질 수 있기에 무어라 정하기는 어렵다고 생각이 든다.

(10) 大成殿 三門의 도깨비[9]

大成殿은 조선시대 향교와 성균관은 성현들을 봉사하는 향사처와 유학을 강(講)하는 교육기관으로서의 기능을 竝行했다. 따라서 건축적 공간도 대성전을 중심으로 하는 향사 공간은 함부로 들어갈 수 없으며, 神聖시되는 곳이기에 대부분 문을 잠가 놓았다.

내삼문에는 도깨비 형상을 보이는데, 龍 같기도 하고 도깨비 같기도 하다.

그림 118. 거제향교 내삼문

三門을 지키는 수문장과 같다고 생각이 들지만 내삼문은 神門이기에 지

---

9) 龍으로 보는 시각도 있다.

키는 것으로 전국의 향교를 보았지만 도깨비 형상은 보기 힘든 작례이다.

그림 119. 거제향교 도깨비

특히 용이 도깨비는 무서운 얼굴을 하고 있지만 거제향교는 파란 얼굴에 눈은 동그랗고 수염은 고사리처럼 둘둘 말아서, 활짝 웃는 얼굴로 표현되었는데, 무섭기는커녕 귀여운 사자 같은 느낌은 든다. 왜 만들었까 하는 의문은 들지만 그보다도 쉽게 잊혀지지 않은 형태로 만든 세 개의 얼굴이 유난히 생각나게 한다. 거제향교 대성전은 특별한 공간이지만, 귀여운 도깨비가 있고, 내부에는 많은 용들이 지키고 있어 잡귀나 나쁜 기운은 도깨비를 보고 웃다가 들어오지 않을까 하는 생각도 든다.

아무튼 재미나고 익살스런 모양은 전국에 많지만 특히 뾜스런 공간에 특별한 문양이 있다는 것도 놀랍지만, 저렇게 조각을 하게 한 그 당시의 사람들의 예술적 감각이 뛰어났다고 본다.

독특하고 재미있는 문화유산 이야기 上

3

우리나라에 있는
옥토끼의 표현

별이 빛나는 밤하늘에 떠 있는 둥근 달은 옛부터 많은 전설을 간직하고 있다. 달 속에 토끼가 방아를 찧어 선단을 만드는 모습은 중국과 우리나라에는 전설로 남아 있다. 다른 나라에도 달에 보이는 문양이 있다 하지만, 토끼가 아닌 다른 모양으로 생각하기도 한다.

옥토끼라 불리는 것은 달의 색깔 때문이다. 玉은 연옥과 경옥으로 나누어지는데, 그중에 경옥은 유백색을 품은 것도 있다. 그래서 달의 색과 토끼의 색이 흰 것이기 때문에 옥토끼라 부르고 있다. 달에 보이는 어두운 부분이 방아를 찧은 토끼와 같다 하는 이유로, 전설로 남아 현재까지 전해지고 있다. 국내에는 토끼가 방아를 찧는 모양이 그림, 묘비 등등에 많이 남아 있는데, 그중에 필자가 직접 촬영한 것만 나열한다.

옥토끼는 중국 신화와 불교에서 보이는데,[10] 중국 신화를 보면 다음과 같다.

> '달에 갇혀 살게 된 항아 다음으로 달에 오게 된 사람
> 은 염제 신농에게 형벌을 받아 달로 유배 오게 된 오
> 강이란 남자였다. 오강이 달에서 연신 되살아나는 계

---

10) 나무위키에서 발췌하였다.

수나무를 영원히 베어 내야 하는 형벌을 받는 동안, 지상에 있던 오강의 아내는 자신을 겁탈한 염제의 조카의 피를 이은 남매를 낳게 되었다.

오강의 아내는 남편을 걱정해 아이들에게 달로 가서 아버지(오강)을 외롭지 않게 해 달라 부탁했고, 아이들은 어머니의 부탁을 받아들여 달로 가기로 했다. 허나 남매는 오강이 자신들을 알아보고 해칠까 두려워하여 오빠는 두꺼비로 여동생은 옥토끼로 모습을 바꾸고 달로 가 오강과 항아와 함께 달에서 살게 되었다.'

위의 전설이 한반도에 전래되어 지금 보고 있는 것이 옥토끼이다.

(1) 정읍 영모재 옥토끼

정읍에 있는 영모재에는 다양한 그림이 있는데, 그중 보머리에 토끼 두 마리가 방아를 찧는 모습인데 하얀 색을 입혀 옥토끼의 모습을 하고 있다. 흰 구름에 둘러싸여 열심히 선단을 만드는 모습이 인상적이다.

정읍 영모재 보 머리에 보이는 옥토끼

보 머리에 있어 영모재에 가더라도 자세히 보지 않으면, 그냥 지나치는 경우가 있을 수 있다. 영모재는 1백여 전에 만들어진 풍류와 주거가 동시에 이루어졌던 전형적인 누각의 형태이지만, 내 · 외부에는 아름다운 그림이 많다. 정읍에는 영모재 외에도 묘비에 방아를 찧은 토끼가 있어 전국에서 제일 많은 옥토끼를 가진 도시라 해도 무방하다.

독특하고 재미있는 문화유산 이야기 上

그림 120. 보 머리 옥토끼

영모재에 보이는 옥토끼를 자세히 보면 흰 구름이 둘러싸고, 두 마리의 토끼가 절구를 들고 붉은 솥에 있는 무엇을 찧고 있는 모습이다. 좌측의 토끼는 폴짝 뛰면서 열심히 하는 모습이 보이고, 우측의 토끼는 허리를 구부정하게 하여, 천천히 하는 것처럼 보인다. 토끼의 모습이 멀리서 보면 흰 쥐를 연상하게 하기도 한다. 선단을 만들려는 의지는 강하게 보이는 옥토끼들이 항아를 위한 방아 찧는 것이 그리 행복했을까?

지금은 달나라에 가는 시대라 가서 옥토끼를 데리고 오고 싶은 마음이 드는 것은 왜일까?

(2) 정읍 송연손 신도비 옥토끼

무성리에 있는 송연손 묘를 찾기 위해 새벽부터 무성리에 도착하여 찾았는데, 마을 주민께 물어봐도 모른다 하여, 주위에 있는 여러 곳의 묘역을 돌아다니다가, 우연히 송연손 묘를 관리하는 분을 만나서 옥토끼를 보았다.

송연손은 중종이 임금이 되기 전에 가르치는 스승이었으나, 중종 반정 후 2년 후에 사망하였기에 활동이 별로 없다. 정읍 무성리에 있는 송연손 묘비에 있는 옥토끼로 비 뒷면에 계수(桂樹) 아래에 토끼 한 마리가 열심히 방아공이를 찧는 모습이다. 碑 중앙에 자리 잡은 달은 꽃 모양으로 된

그림 121. 송연손 옥토끼

구름이 위를 덮고, 아래로는 파도를 연상하게 하는 모양이 있다.

묘도에 세우는 신도비는 동쪽에 세우는 것이 禮인데, 송연손의 신도비는 서편에 있어서 의아하지만, 아름다운 쌍룡이 새겨진 전면과 후면의 옥토끼는 그러한 것들을 상쇄시킨다.

무성리에는 송연손 신도비 외에도 옥토끼가 새겨진 碑가 4곳이 더 있어 답사를 하면 할수록 옥토끼는 많이 나타나는데, 달 속에 이러한 문양이 있다는 전설이 우리 문화 깊숙이 자리 잡았기에 나타나는 현상으로 생각된다.

정읍 무성리에는 송연손 신도비 외에도 4좌의 묘비에도 옥토끼의 문양이 있다 하여, 겨울 날 무성리를 방문을 하여 사진 촬영을 하였는데, 도강 김씨의 묘역에서 4개의 옥토끼는 있다는 것이 의아한 것도 있고 놀라울 따름이다.

碑에 옥토끼를 새기는 이유를 곰곰이 생각하여 보면, 예전에는 碑의 앞면을 碑陽이라 하여 용, 쌍용, 삼족오를 새기고 뒷면은 碑陰이라 하여 달이나 두꺼비, 토끼를 새기는 것이었다. 비 뒷면에 보이는 옥토끼는 陰으로 보면, 사람으로는 女性으로 보기도 한다.

아마도 방아를 찧은 행위를 성행위를 나타내는 것으로 생각되는데 농사를 짓는 곳은 달과 관계가 많이 되기에 月曆이라 하고 節氣도 음력으로 표기하기에, 많은 것들이 달과 관계되는 것들이어서 비음에 옥토끼를 새긴 것으로 생각된다.

(3) 김약우 묘비 옥토끼

그림 122. 김약우 옥토끼

위의 사진은 정읍 무성리에 있는 김약우의 묘비로 벼슬이 장사랑으로 되어 있다. 비양에는 쌍룡이 보주를 지키느라 눈을 부릅뜨고 있다.

비음에 보이는 달은 크게 표현되었지만 옥토끼의 흔적은 희미하다. 桂樹는 희미하여 보이지는 않았지만, 필자가 손으로 문양을 확인하니 계수의 문양이 확인되었다. 방아를 찧는 옥토끼는 서 있는 모습으로 되어 있다.

4개의 묘비 중에서 달이 제일 크지만 문양이 흐려진 탓에 의미가 퇴색되어 보인다.

독특하고 재미있는 문화유산 이야기 上

(4) 김용 묘비 옥토끼

그림 123. 김용 옥토끼

김용의 묘비의 비양은 구름이 태양을 지나가는 문양처럼 보이지만 태양이 구름을 뚫고 떠오르는 형상으로 생각되기도 한다. 김용 묘표의 비음은 독특하게 되어 있다. 반달의 형태이지만 가로로 넓게 되었고 계수는 좌측에서 오른편으로, 능수버들처럼 늘어진 모양이며 그 아래에 토끼가 방아를 찧고 있는 모습이다.

달의 아래로는 톱니의 형태로 구름을 표현하였는데, 대부분의 옥토끼 표현이 둥근달에 표현을 하였는데 여기서는 많이 다르게 되어 있다. 달 주위로는 구름이 에워싸고 있어 달을 보호하는 느낌이 강하게 보이는데 비음이 여성을 뜻하기에 보호하는 차원에서 구름을 달 주위에 새긴 것으로도 생각되기도 한다.

우리나라에 많은 옥토끼 문양이 있지만 김용의 묘표에 보이는 것처럼 사뭇 다르게 만든 것은 드물다. 이처럼 한 집안의 무덤에서 4개의 옥토끼가 있는 묘표는 아주 드물지만 그 이유에 대해서는 알아내지 못하였다.

비양에 쌍룡의 문양을 새기고 비음에는 초승달이 나오는 경우는 많이 있지만 특정 지역에 옥토끼의 문양이 많은 것은 드물기에 독특한 것으로만 생각이 들고 의문은 계속 남는다.

독특하고 재미있는 문화유산 이야기 上

(5) 김후진 묘비 옥토끼

그림 124. 김후진 옥토끼

김후진 묘비의 옥토끼는 계수 아래에 앉아 방아를 찧으며, 커다란 달 주위로 연꽃이 피어 오르고 있는 형상이다. 그 아래에는 굽이치는 파도 무늬를 새겼는데, 보름달이 바다 위에 떠 있는 느낌이 들 정도이다.

전체적으로 달과 꽃의 표현을 크게 만들었는데 옥토끼가 있는 달을 강조하기 위한 것으로 생각된다.

(6) 김지백 묘비 옥토끼

그림 125. 김지백 옥토끼

김지백 묘비에 보이는 달은 그 많은 옥토끼가 비음 상단 중앙에서 배치되어 있다. 옥토끼는 일어서서 방아를 찧으며, 선단을 만들고 있는 형상이다. 桂樹는 둥근 형태에 가깝게 표현되고 달 주위로는 연화가 가득하고 그 아래로는 반형의 표현이 여러 개 있다.

정읍에 있는 도강 김씨 묘역에 4좌의 묘비가 옥토끼가 표현되었는데, 왜인지는 알 수 없다. 도강 김씨 무덤에 가까이 있는 송연손 신도비의 옥토끼 문양을 보고 영향을 받았다고 생각이 들기는 하지만 정확하게 밝혀진 것이 없다.

(7) 송여종 신도비 옥토끼

그림 126. 김제 송여종 신도비 옥토끼

김제에도 묘비에 옥토끼가 있다는 자료를 보고 김제로 갔는데, 그 당시에는 주소를 알아내지 못하여, 그 부근에 가서 송씨 문중 묘지를 물어 물어 찾아 갔다. 송여종의 묘역 부근에서 후손을 만나 묘비 촬영을 왔다 하니 흔쾌히 허락을 하여, 사진을 촬영하였다.

송여종은 정읍에 있는 송연손의 증손으로 알려져 있으며, 옥토끼에는 桂樹가 표현되지 않았으며, 비음에는 물결 모양이 우측에 작게 표현되었고, 달 아래는 三線이 보인다. 구름이 비음에 골고루 표현되었는데 달은 다른 묘표에 보이는 것보다 작게 되어 있다. 옥토끼가 방아를 찧는 모습을 보면 절구 공이는 크게 보이고, 토끼는 매달린 느낌이 많이 들기도 한다. 사진 촬영하는 데 있어서 비양은 햇빛이 알맞게 비춰서 선명하게 나왔는데 비음은 나무의 그림자로 인해 희미하여 옥토끼 문양을 선명하게 담아 내지 못하였다. 증조부인 송연손의 신도비의 영향이 송여종의 신도비에도 미치지 않았을까 하는 생각이 많이 든다.

(8) 송순 신도비 옥토끼

그림 127. 담양 송순 신도비 옥토끼

담양에 있는 면앙정 송순의 묘표에 나타나는 옥토끼인데 처음 검색을 할 당시에는 송씨의 본관을 연구하던 중이었다. 여산 송씨 외에 또 다른 본관이 있을까 하여, 조사를 하던 중에 담양에 신평 송씨 무덤이 있었다. 신평 송씨라는 이름에 끌려, 묘를 찾아 갔는데 나중에 묘역에 보이는 묘들을 조사를 하여 보니 송순 선생의 묘이었으며 퇴계 선생의 흔적도 보였다.

오전에 가서 사진 촬영을 하는데 비음에 옥토끼는 역광이라 희미하지만 桂樹와 방아 찧는 옥토끼의 표현이 섬세하며 달은 작게 표현되었지만 물결은 비음의 절반을 차지하며 구름의 표현도 보인다.

2017년 4월에 방문할 당시에는 역광이어서, 2018년 1월에 재방문을 하여 사진 촬영을 하였지만 시간이 오전이라서, 역광 사진이 나왔다. 오후 늦은 시간에 가면 제대로 된 옥토끼 사진을 얻을 수 있을 것 같은데, 그게 잘되지 않는다.

송순 선생이 시조와 한시를 많이 남겼는데 옥토끼와 관련하여 詩를 남겼는지는 알아내지 못하였다.

(9) 고흥 금탑사 극락전 옥토끼

고흥 금탑사에 있는 옥토끼로 천정에 있어 자칫 놓칠 수 있다. 두 마리의 토끼가 방아를 찧는 모습이지만, 연꽃 속에서 선단을 만들고 있는 모습은 다른 곳의 옥토끼와는 많은 차이를 보이고 있다. 토끼 한 마리는 서

그림 128. 고흥 금탑사 극락전 옥토끼

있고, 마주 보는 토끼는 방아 공이를 내리 찧는 모습으로 보인다.

머리 위로는 교차하는 연 줄기가 마치 바구니의 손잡이를 연상하게 하며, 옥토끼 두 마리는 연꽃 바구니 속에서 방아를 찧는 모습은 국내에서 보이는 옥토끼 중에서 白眉로 생각된다.

사찰에 보이는 옥토끼는 안동 봉정사 영산암과 금탑사 등등에서 보이며, 또 경남 고성 옥천사 불화와 원주 법천사 지광국사 현묘탑비 상단에서도 보인다. 개성에 있는 헌화사 碑에도 옥토끼가 있지만 필자는 직접 갈 수 없는 곳이어서 여기서는 제외시켰다.

옥토끼는 불교나 조선 선비에 사회에 널리 알려져 있고 민화에서도 많은 소재로 그려져 있다. 이러한 것이 전국 곳곳에 있어 자주 가고 볼 수 있는 것은 아니지만 생활 깊숙이 자리 잡은 옥토끼 문화를 엿볼 수 있는 것으로 생각된다.

옥토끼를 읊은 詩도 많이 남아 있고 전설도 있으며 세월이 흘러 우리 곁에 있다는 것만으로 많은 이야기를 남겼다고 생각한다.

(10) 해남 미황사 남 부도전 옥토끼

미황사 남 부도전에 있는 감파당 대사의 부도에 옥토끼가 있다. 전국에 산재해 있는 스님의 부도 중에 옥토끼 문양이 있는 것은 유일한 것으로 생각된다. 미황사 南 부도전에는 4좌의 浮屠가 있으며 그중에 하나인데 2매의 판석에 지대석을 놓았다. 사각의 탑신으로 구성되어 있지만 상대석이 이 浮屠의 주역으로 보일 정도로 장식이 많이 되어 있다. 거북이, 게, 다람쥐를 새겼으나 옥토끼가 선명하게 눈에 들어오는 것은 웬일인지 모를 일이다.

둥그스름한 상대석에 새겨진 옥토끼는 절구는 작게, 토끼는 크게 되어

그림 129. 미황사 남부도전

있고, 桂樹는 조각을 하지 않았으며, 토끼의 모양이 크게 보여서 엉거주춤한 형상이다. 대부분 옥토끼들이 묘비에 많이 보이고 특히 민화에도 많이 보이지만 부도에서 옥토끼는 낯선 모습이다. 감파당 스님의 부도는 문양이 많은 것이 특징이지만 설립 년대도 정확하다는 것이 부도 연구자들에게 많은 정보를 주고 있다.

(11) 선암사 원통전 옥토끼

    순천 선암사에 원통전 문짝에 옥토끼가 있으며, 2개의 圓 안에 2마리의 토끼가 방아를 열심히 찧고 있는 형상이다. 옥토끼의 상징은 여러 의미를 가지고 있지만, 달과 연관이 깊은 동물로 달에 사는 동물로 여기고, 달과 동일시되기도 한다. 이러한 것이 여러 곳에 옥토끼 문양으로 표현되고 있는 것으로 생각된다. 달은 해와 원시시대부터 중요한 신앙의 대상으로 여겨졌다.

그림 130. 선암사 원통전

    특히 농경 사회에서 달은 즐거움의 상징이었는데 음력 8월 15일은 한

가위라 하여 풍요로움을 나타내며 정월 대보름에는 달을 보며 소원을 비는 풍습도 있으니 달에 옥토끼가 불로장생의 선단을 만드는 것은 인간의 욕망인 장생불사의 마음이 담긴 것으로 풀이된다.

선암사 원통전 門에 보이는 옥토끼는 정조가 후손이 없어 눌암 대사에게 100일 기도를 부탁하여, 순조를 얻었는데 선단을 만드는 것은 순조의 불사장생을 기원하는 의미가 있다고 보아도 무방하다고 생각이 들기도 한다. 왕실과 관련된 옥토끼는 회암사 약사여래삼존도 월광보살에 보이는 것과 포천 제안대군 묘표에 보이는데, 필자가 못 본 것도 있다고 생각된다.

(12) 안동 봉정사 영산암 옥토끼

안동 봉정사는 여러 번 갔어도 옥토끼의 존재를 몰랐으나 어느 분의 제보로 있다는 것을 알았으며 위치가 사진 촬영하기가 곤란한 장소에 있었다. 사진 촬영을 할 때 영산암에 있는 나무 받침대를 이용하여 옥토끼 그림과 높이를 맞추려고 하였으나 쉽게 구도가 나오지 않았고, 여러 번 시도 끝에 사진을 촬영을 하여 결과물 얻었다.

옥토끼는 영산암 응진전 向 좌측 벽에 있으며, 2마리의 토끼가 있고, 오른편에 있는 토끼는 공이를 끝을 보며 방아를 찧고 있는 모습으로, 왼편에 보이는 토끼는 절구 안으로 오른손을 넣어 선단을 꺼내는 듯한 모습

그림 131. 봉정사 영산암

이 이채롭다.

절구는 붉은색의 띠고 있으며, 아래는 넓게 표현되어 절구 공이를 찧어도 흔들리지는 않을 만큼 보인다. 대부분의 옥토끼 문양이 묘표에 있어 채색이 되어 있는 것은 보기 드물다. 영산암 응진전 옥토끼는 채색이 잘 남아 있는 옥토끼로 생각된다.

영산암 옥토끼는 風板에 가려져 있어 사진 촬영하기 어렵다. 반대로 생각하면 비에 젖지 않고, 사람의 키보다 높게 있어 훼손이 덜 된다는 생각도 든다.

독특하고 재미있는 문화유산 이야기 上

(13) 포천 제안대군 묘비 옥토끼

포천에 있는 제안대군 묘역은 입구를 찾지 못하여 많이 헤매다가 겨우 찾았다. 碑陽에 보이는 쌍용을 보러 갔지만 비음에 있는 옥토끼는 사전에 인지를 하지 않았다가 집에 와서 사진을 정리하다가 옥토끼가 있는 것을 알았다. 정면 사진이 없고 비스듬히 촬영을 하여서 다시 가서 촬영을 해야 하지만 필자가 사는 곳에서 다시 가기란 쉽지 않은 곳이 포천이다.

비음이 흑화로 인하여 옥토끼인지 구별하지 못한 것도 있지만 뭐가 그리 급했는지 제대로 촬영을 안 한 것도 있다. 달은 고사리 모양의 구름이 주위를 감싸며 중앙에 배치되었고, 桂樹가 없고 옥토끼는 오른편에서 방

그림 132. 포천 제안대군 묘비 옥토끼

아를 찧는 모습이다.

왕실과 관련하여 옥토끼는 몇 안 되지만 묘표에 있는 것은 유일한 것으로 생각된다.

제안대군은 왕이 되려다 되지 못한 것은 왕실의 정치적 희생양이 되었다는 시각이 있으며, 다른 평가는 어리석다는 것이 인식이 되었지만 어쩌면 몸을 보전하기 위하여 스스로 감추었다는 이야기도 있다.

(14) 서천 선정비 옥토끼

서천에 옥토끼는 다른 곳과 달리 선정비에 보이는 것으로는 처음 보는 것이었다. 선정비 碑陰에는 다양한 문양이 있는데, 필자가 본 것 중에는 달의 표현과 봉황의 표현 등등 여러 표현이 있었다. 서천에서 뜻하지 않는 옥토끼 문양을 보았던 것이 답사의 백미였다.

비음에 보이는 옥토끼는 아랫부분 중앙에 위치하고 주위로는 고사리 무늬의 구름이 감싸고 있다. 옥토끼는 왼편에서 방아를 찧는 모습인데 자세히 보면 공손한 토끼의 모습이 어색하여 보이기도 한다. 이렇듯 옥토끼는

그림 133. 서천 옥토끼 1

우리 생활 깊숙이 자리 잡아서 여러 곳에서 발견되는데 필자가 발견한 곳 외에도 어디엔가 옥토끼는 있을 수 있다고 생각도 든다. 우리가 먹는 음식 중에서도 달과 관련이 있는 것이 있지만, 모르고 그것을 접하고 있다.

　그것은 호떡인데 중국에서 달을 상징하는 월병이 우리나라에서는 호떡인 것이다. 오랑캐를 뜻하는 胡와 떡이 합쳐진 말인데 중국에서 건너온 것이다. 옥토끼가 달을 상징하듯이 호떡을 먹으면서 달에 사는 옥토끼를 생각하면 옛날의 전설이 머리에 떠오를지 모를 일이다.

그림 134. 서천 옥토끼 2

(15) 남양주 정미수 묘비 옥토끼

그림 135. 남양주 정미수 옥토끼

경기도 남양주에는 묘표에 옥토끼가 새겨져 있다. 그중 정미수 묘표에 있는 옥토끼는 思陵 권역에 있어, 쉽게 볼 수 없다. 정미수 묘표에 보이는 옥토끼는 비음 상부 중앙에 있고, 주위는 구름이 감싸는 형국이나, 달은 튀어 나오는 모습이 보여 다른 곳과는 차이를 보이고 있다. 桂樹는 보이지 않으나 토끼는 왼편에서 방아를 찧고 있으며 절구 공이가 크게 표현되어 있다.

思陵은 비운의 왕비인 정순왕후의 릉인데, 정미수는 문종의 외손으로 말하자면 정순왕후는 외숙모가 된다. 정미수는 아버지인 정종이 賜死되지만 나중에 세조가 경혜공주와 같이 소환하여 길렀다. 부친을 죽인 작은 외할아버지 세조의 슬하에서 자랐는데, 그 심정은 어떠했을지 궁금하다.

정미수 묘표 비양은 龍이 표현되어 있으며, 다른 비에 보이는 용들과 달리 비양 가운데 부분 맨 위에서 아래를 내려 보는 모습으로 표현되어 있다. 비음에 보이는 옥토끼는 다른 곳의 옥토끼에 비하여 선명하게 남아 있다.

독특하고 재미있는 문화유산 이야기 上

(16) 남양주 변안렬 신도비 옥토끼

그림 136. 남양주 변안렬 신도비

위 사진에 보이는 옥토끼는 보기 드물게 신도비에 보이는 작례이다. 신도비의 주인공은 大隱 변안렬 선생으로 본래 중국 심양 사람인데, 원나라 말기에 병란으로 원나라에 가 있던 공민왕을 따라 고려와 들어와 원주를 본관으로 하는 변씨의 시조가 되었다.

변안렬의 신도비의 碑陽은 다른 곳의 碑와 달리 삼족오가 새겨져 있고, 비음에는 구름 속에 반원을 한 달 속의 토끼로 표현하였다. 옥토끼는 오른쪽에서 방아 공이를 들고 찧고 있는 모양이고 달과 옥토끼의 표현이 다른 곳과 달리 작은 편에 속한다. 달 아래 구름은 마치 구름이 솟아오르는 모양을 하여 옥토끼의 표현이 위로 떠오른 듯하여 신비한 느낌이 든다.

　묘표는 작게 만들어 사진기에 쉽게 들어와 비교적 사진 촬영이 용이하다. 하지만 비각에 있는 신도비를 크게 만들면 각도에 들어오지 않아 사진 촬영에 많은 어려움이 있다. 비각을 만들 때 비와 창살의 간격을 두거나 하면 사진 촬영이 쉬운데, 대부분의 비각은 그렇게 만들지 않기에 작은 사다리를 가지고 다녀야 하는 어려움이 있다.

　지금까지 보이는 옥토끼 중에 신도비에 보이는 작례는 정읍과 담양과 변안렬의 비 외는 보이지 않는데, 다른 곳에도 있을 수 있다고 생각이 든다.

독특하고 재미있는 문화유산 이야기 上

(17) 남양주 박운 묘비 옥토끼

그림 137. 남양주 박운 묘비

박운의 묘표에 보이는 옥토끼는 경기도 북부 답사를 하고 나서, 울산으로 내려오는 길에 잠시 들러 사진을 촬영을 하였다.

비양은 삼족오를 새겼고 비음에 옥토끼가 있으며, 달의 위치는 비음 중앙에 있고, 옥토끼는 오른쪽에서 방아를 찧고 있으나 계수는 보이지 않는다.

박운의 묘역을 보면 깔끔하게 정리가 되어 있어, 다른 묘역과 달라 보인다. 부친이 중종 반정의 공신인 박원종인데, 적자가 아닌 박운이 재산을 고스란히 물려받아 死후 묘역을 만들 때 큰 공사를 한 것으로 추정된다. 박운의 조부는 박중선인데 그의 사위가 제안 대군이다. 포천에 있는 제안대군의 묘표에도 옥토끼 문양이 존재하고 박운의 묘표에도 옥토끼의 문양이 있기에, 연관성이 있지 않을까 하는 생각도 든다. 서로의 연관성보다는 비양이 있으면 비음도 있고 태양이 있으며 달이 있다. 비양에 보이는 삼족오가 태양을 상징하듯 비음에 보이는 옥토끼도 달을 상징한다는 것이 오래도록 내려온 사상이기에 비음에 옥토끼 문양을 새겼다고 생각이 든다. 한반도에 보이는 옥토끼는 왕실과 양반이나 모든 사람들의 마음속에 존재하는 상징적인 존재이었다고 생각한다. 현대에서는 달에 사람이 가서 옥토끼가 없다고 하지만, 옛부터 내려온 전설은 모든 사람들의 마음속에 있는 아름다운 이야기로 남아 현재에 전해지는 것으로 풀이된다.

(18) 김포 양호 묘비 옥토끼

그림 138. 김포 양호 묘비

김포 양성지 선생의 신도비와 묘역을 둘러보고 나서 강화도로 출발하려는데, 뭔가 빠진 것 같은 느낌이 들었다. 양성지 선생의 묘를 다시 보러 올라가서 옥토끼를 찾으니 양성지 선생 묘표에는 보이지 않아 서편에 있는 묘로 가서 찾으니 옥토끼가 보였다. 양성지 선생의 아들인 양호의 묘표 비음에 옥토끼가 있으며 구름은 꽃잎을 닮았으며 달은 비음 상부에 있으나 왼쪽으로 약간 기운 듯하다.

토끼가 왼쪽에서 방아를 찧고 있으나 전체적인 모습은 조각이 가냘프게 보인다. 희미하여 조금 있으면 옥토끼의 문양이 닳아서 없어질 것 같은 느낌이 많이 드는데. 빠른 조치가 있어야 할 것으로 생각이 든다.

달에 보이는 옥토끼는 5세기 후반인 주몽고려[11] 무덤 벽화에서 흔하게 보이는데 중국 한나라의 영향으로 보는 것이 타당하다고 생각되며, 이러한 영향이 조선시대까지 이어져 왔다는 것은 달이 사람들의 생각이나 생활에 미치는 영향이 컸었다는 것을 알 수 있다.

---

11) 주몽고려는 고구려라 하지만 필자의 생각은 주몽이 세운 고려와 왕건이 세운 고려를 구분하기 위하여 필자 나름대로 이름을 정리한 것으로 학계와는 다를 수 있다.

(19) 원주 법천사지 지광국사 탑비 옥토끼

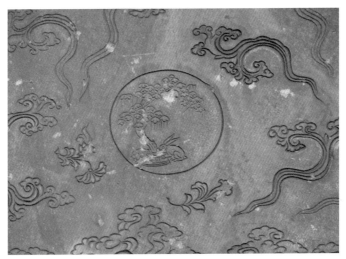

그림 139. 원주 법천사지 지광국사 탑비

원주 법천사지 지광국사 탑비 상부에는 아름답고 재미있는 문양이 있다. 그중에는 비천상이 있고 수미산도 표현되어 있다. 그리고 圓 내부에 삼족오도 있고, 옥토끼도 있으며 두꺼비 문양도 있다. 이렇듯 탑비에서 옥토끼, 두꺼비, 수미산 등등이 표현되어 있는 것은 유일한 작례로 보인다.

두꺼비의 표현은 주몽고려 고분 벽화에서 보이지만 한반도 이남에는 거의 보이지 않는 것으로 생각된다. 탑비에 표현된 옥토끼는 계수가 왼쪽에서 오른쪽으로 늘어져 있으며 나무 아래 왼편에는 두꺼비가 있고, 오른편에는 옥토끼가 있는데 앉은 모습이 보여 작은 절구에 방아를 찧은 모습으로 생각된다.

이제까지 소개한 옥토끼는 佛殿이나 선정비, 탑비, 묘표, 신도비에 보이는 것인데, 민화에도 옥토끼가 많이 보이지만 필자가 직접 사진 촬영을 하지 않아서 여기에 실지 않는다.

이렇듯 많은 옥토끼가 여러 곳에 보인다는 것은 옛 사람들의 생활에 많은 영향을 끼쳤기에, 곳곳에 나타난다고 생각한다. 소개하지 않은 기와에도 옥토끼 문양이 있으므로 소중한 문화 자원으로 거듭 태어나기를 기대하여 본다.

독특하고 재미있는 문화유산 이야기 上

(20) 합천 조응인 묘비 옥토끼

그림 140. 합천 조응인 묘비

합천 묘산면 가야마을 서편 낮은 산에 자리 잡은 곳에 陶村 조응인 선생의 묘가 있으며, 낮은 산 구렁의 묘소에는 재미있는 묘비가 있다. 합천은 여러 번 들렸는데 우연히 관찰사를 연구하다가 조응인 선생이 대구부사 兼 관찰사를 하지 않았나 하여 도촌 선생의 묘를 찾아갔는데 碑銘에는 관찰사 관련 기록을 찾지 못하고 옥토끼를 본 것이다.

우연히 들린 곳에서 재미있는 옥토끼를 문양을 보고 와서 상당히 기분이 좋았으며 우리나라 옥토끼 관련 作例를 추가를 하게 되어 합천 답사는 참 괜찮은 것이었다.

비양은 雙龍이 여의주를 지키려 하고 있는데 비음에는 옥토끼의 표현이 되어 있다. 비음 우측 상단에 토끼가 절구질을 하고 있는 것인데, 다른 옥토끼 표현과 달리 달의 표현이 없어 방아 찧는 옥토끼만 표현되었다.

달을 표현되지 않은 것은 碑陰이 네모여서 碑를 만든 사람의 생각에는 달에서 절구질을 하지 않고 지상에 내려와서 절구질하는 옥토끼를 표현하였다고 생각되며 도촌 선생의 묘가 있는 곳이 하늘과 연결되어 있어 옥토끼가 내려오는 吉地로 생각되기에 비음에 달을 표현하지 않고 옥토끼를 표현한 것으로 필자가 상상하여 본다.

토끼는 꿇어 앉은 모습이고. 절구는 비스듬히 표현되었고, 좌우에 桂樹는 보이지 않는다. 桂樹가 표현되지 않고 방아 찧는 모습만 있는 옥토끼 표현은 몇 군데에서 보이는 작례이다.

독특하고 재미있는 문화유산 이야기 上

(21) 포천 권적 묘갈 옥토끼

권적(權勣) 선생의 묘는 포천 권씨 선산에 있다 하였지만, 선산에는 많은 墓가 있어, 많은 무덤 중에 권적 선생의 묘가 어느 것인지 알 수 없었다. 여러 곳에 수소문하여 위치를 알아냈다. 묘의 위치는 정확히 밝힐 수 없으나, 1570년에 묘갈을 세웠다는 것을 알 수 있으며, 비음에 옥토끼 문양이 있었다.

그림 141. 권적 선생 묘 전경

묘갈은 向 우측에 있으며, 碑首 전면에 보이는 圓形에는 새를 조각한 흔적이 보이는데, 필자가 보기에는 삼족오나 鶴을 새긴 것 같으나 희미하여 정확하게 판단을 하지 못하였다.

비양에 삼족오를 새기는 경우가 있어 그렇게 생각하였으나, 뚜렷한 윤
곽이 아니었다. 그리고 비음에는 花紋形의 구름 속에 달이 조각되었고,
그 속에 토끼가 절구질을 하는 모양이 보였다. 얼핏 보면 옥토끼의 모양
이 보이지 않으나, 손으로 만져 보면 線의 윤곽이 있고, 햇빛을 가리고 자
세히 보니 보였다.

그림 142. 포천 권적 묘갈 옥토끼

위의 사진에는 向 왼편에 토끼가 방아를 들고 절구질하는 모습이고, 桂
樹는 보이지 않는다. 희미하지만 그런대로 보이는데 묘갈이 세워진 년대
가 1570년이라는 기록이 있어 450년이라는 긴 세월이 본래의 선각을 희
미하게 만든 것으로 생각된다. 처음에는 아주 정교하게 만들었을 것이고
묘갈의 碑首에 색을 칠하지 않았나 하는 필자의 생각도 곁들여 본다.

　　　　　　　　　　독특하고 재미있는 문화유산 이야기 上

(22) 연천 옥토끼

연천에 있는 파평 윤씨 태위 공파 무덤에는 옥토기를 새긴 묘비가 2좌가 있다 하여, 울산에서 먼 길을 차로 갔다. 8월의 무더위에 지친 몸이지만 도착하여 보니 풀이 무성하여 묘지를 볼 엄두가 나지 않았다. 풀이 적은 곳으로 가니 많은 석물이 있는데 그곳에 옥토끼를 새긴 묘비가 있었다. 보기 드물게 여성의 묘비에서 옥토끼를 새긴 것인데 이제까지 보아온 옥토끼를 새긴 묘비는 대부분의 남성의 묘비에서 발견되었기에 여기서 그러한 선입견이 무너지는 계기가 되었다.

한편으로는 여성의 묘비에 옥토끼를 새겼다는 것은 남편의 묘비에도 새길 가능성이 있다. 묘비를 찾아 보았지만 여름이라 풀이 많은 관계로 찾아 보지도 못하고, 먹구렁이와 대치하다 내려왔다.

해가 바뀌어서 2020년 4월에 다시 연천을 방문하면서 들렀는데 내가 사는 곳은 꽃이랑 풀이 만발하여 봄을 느끼게 하는 데 비하여 연천은 풀이 조금 자란 상태여서 묘지 답사하기는 좋은 시기였다.

옥토끼는 사당에서 북편에 있는데 여러 墓를 거쳐 지나, 산 등성이 제일 위의 북쪽에 있는 묘에 옥토끼가 있었다. 검색을 하면 윤구선생의 묘라 하지만 정확하지는 않는 것으로 보인다.

묘의 段 아래에 있는 碑는 용트림이 웅장하고 화려함이 돋보이는 수작으로 보이고, 花紋형 구름 위에 용의 표현의 섬세함이 어디에도 내놔도

그림 143. 연천 파평 윤씨 묘비 전면

그림 144. 연천 파평 윤씨 묘 후면

손색이 없는 명작이라 評하여도 손색이 없다. 여의주는 상부에 조각되었
는데, 龍鬚와 瑞氣의 부려움은 용의 서릿발 같은 눈빛을 부드럽게 하는

독특하고 재미있는 문화유산 이야기 上

것처럼 느껴진다.

세로로 되어 있는 묘비의 명문은 贈職과 여러 벼슬 명을 알려주지만 諱가 없어서 누구의 묘비인지 알아내지 못하였다. 또한 언제 세웠는지 대한 기록이 없어서 시대를 가늠하기 어려운 것이 아쉬웠다.

傳 윤구 선생의 묘비 뒷면에 보이는 옥토끼는 세운 시기를 알 수 없으나, 화문형 구름과 같이 둥근달이 조각되었고, 옥토끼의 표현은 단순함과 깔끔함이 보인다. 달은 碑首의 가운데 있으며 월계수는 보이지 않고 절구도 보이지 않는다. 토끼의 표현이 어색하고 절구 아래로는 빗자루 같은 느낌이 들어 절구를 처음에는 표현하였지만 마모가 된 것으로 생각된다. 전체적으로 보기에는 세월이 많이 흘렀지만 윤곽이 제대로 남아 있고 관리가 양호한 편에 속한다.

傳 윤구 선생이 묘비에 새긴 옥토끼 외에도 1좌 더 있는데, 동오리 외송산 舊 묘역에 있었던 것으로 부득이 여기에 옮긴 것으로 기록되어 있다. 그중에 옥토끼를 새긴 묘비가 있다. 여성의 묘비에 있는 옥토끼 작례는 필자도 처음 보는 것이었지만 더군다나, 전면에 새긴 것은 더욱 귀한 작례이다.

옥토끼가 있는 묘비를 여러 좌 보았지만 全面에 있는 경우는 처음 보는 것인 데다가, 이런 귀한 작례를 글을 쓰면서 알았다. 문화유산을 보는 안목이 많이 낮다는 것을 알았으니 공부란 끝이 없는 것이다.

처음에는 옥토끼를 새긴 묘비를 보면서 부부로 생각하였지만 2좌의 거리가 멀고 누구의 묘비인지 정확하게 알아내지 못한 상태에서는 섣불리 부부 옥토끼 묘비로 명명하지는 못할 것으로 생각된다.

그림 145. 연천 파평 윤씨 여성 묘비 옥토끼

옥토끼 조각은 碑首 상단 중앙에 달이 있고 그 안에 옥토끼를 새겼는데, 傳 윤구 선생의 조각과 거의 비슷하고 2좌의 묘비에는 월계수 또한 새겨지지 않아 같은 장인의 작품으로 생각되고 같은 시기에 만든 것으로 보인다. 화문형 구름 위에 새겨진 옥토끼는 向 왼편에 토끼가 있고, 절구질을 하는 모양이지만 傳 윤구 선생의 묘비보다는 잘 남아 있었다.

멀고 먼 연천까지 가서 보고 온 옥토끼 묘비는 남자들의 묘비에서나 보았는데 여성의 묘비에도 새겼다는 작례가 있어 갔다 온 보람이 생겼다. 墓는 보이지 않지만 묘비는 남아 있어 현재 우리가 보고 있지만, 잘 남아 있는 묘비는 우리에게 많은 공부를 하게 해 주고 보게 하여 주는 것이 얼마나 좋은 일인지 모를 일이다.

옥토끼를 하나하나 찾아 다니면서 보는 기분, 느끼는 마음은 다르다. 보고 즐기고 느끼면서 하나를 알면 더 알고 싶어지는 것이 문화유산 공부이다.

(23) 정읍 강세지 묘표 옥토끼[12]

2023년은 계묘년으로 12간지 동물 중 토끼가 상징이다. 옥토끼에 대한
글을 마무리되어 갈 즈음에 정읍에서 옥토끼 묘표가 있다는 연락을 받고
급히 찾아가서 사진 촬영을 하였다.

그림 146. 강세지 묘표 정면

碑陽은 쌍용이 여의주를 보호하려고 하는 형태이고, 그 위로는 瑞氣가
五指槍과 같이 하늘로 뻗는 느낌이 드는데, 다행이 도착한 시간이 10시라

---

12) 훼손과 도난을 우려로 인해 정확하게 위치는 밝히지 않는다.

서 그늘이 지지 않아 괜찮은 사진을 촬영하였다.

碑文에 보이는 강세의 대한 정보를 찾아보니 조선왕조실록에는 보이지 않는 인물이었으며, 비음에 보이는 萬曆이라는 연호에 주목하여, 조선 초·중기의 인물로 생각된다.

일요일 아침 새벽부터 고속열차 타고 온 보람이 사진 속에 남아 있다. 전체적으로 새겨진 그림은 잘 남아 있으며 碑陰에 옥토끼가 새겨져 있는데 비음 가운데 둥근달 속에 아름다운 桂樹와 방아 찧은 토끼의 모습이 잘 남아 있었다.

그림 147. 정읍 강세지의 묘표 옥토끼

비음 가운데 있는 달은 햇빛을 받아 하얗게 빛나, 더욱 아름답게 보이고 그 아래로는 파도형 구름이 있고, 중간과 상부는 화문형 구름이 달 주위를 화려하게 장식을 하고 있다. 向 왼편에서 오른편으로 늘어지는 계수

독특하고 재미있는 문화유산 이야기 上

는 열매를 맺은 듯하고 向 오른편의 토끼는 머리에 계수가 닿을 듯 말 듯 하여 재미있는 모습을 연출하고 있다.

묘비의 정면보다 비음에 많은 조각이 있고 아름다운 것이 많이 있는 우리나라 묘비의 특징이다. 옥토끼를 새겨 넣으면서, 영생불멸인 계수나무를 생각하고, 신선이 되는 선단을 만드는 옥토끼가 묘의 주인이 자신이 아닐까 하는 생각도 든다.

(24) 정읍 묘표 옥토끼[13]

옥토끼 새겨진 묘표는 전국에 골고루 분포되었다고 생각되지만, 이제까지 정리한 자료를 보면 대부분 정읍에서 많이 나온다. 어떠한 이유가 있을 수 있겠지만 알려진 것은 없다. 강세의 묘에서 조금 떨어진 곳에 또 다른 옥토끼 묘표가 있는데, 碑首는 반원형으로 되어 있다.

그림 148. 정읍 옥토끼

새겨진 옥토끼는 대부분 희미하여 잘 보이지 않으나, 달 주위로는 구름

---

13) 누구의 묘라고 밝히지 아니하는 것은 훼손을 우려해서이다.

이 감싸 전체적으로 보호하는 느낌이 강하다. 다르게 보면 터널 속에 있는 느낌이 드는 것은 나만의 視覺인지 모른다.

桂樹는 向 왼편에 자리 잡았는데 잎이 영지 버섯처럼 되어 있으며 向 오른편의 옥토끼는 편안한 자세로 방아를 찧고 있는 모습이다.

앞의 姜世義 묘표보다는 표면이 거칠고, 윤곽이 희미하지만, 해가 떠오르는 시간에 가면 더 나은 사진을 얻을 수 있을 것으로 생각된다.

옥토끼와 묘비의 조합은 어떤 상상을 하여야 할지 모르지만, 우리나라에 보이는 옥토끼는 필자가 모르는 곳에 더 있다고 생각도 들지만, 위의 나열한 24좌 외에는 더 이상 글로 표현하지 않는다.

중국의 전설이 한반도에 정착되어 吳剛이 계수를 베어도 베어도 계속 자라는 이야기가 있다. 불교에서도 『본생경』에 이야기가 있어 옥토끼는 종교를 떠나 우리들 기억과 생활 속에 깊숙이 자리 잡은 것으로 생각된다.

옥토끼 그림이 많이 보이는 것은 유달리 달을 좋아하는 민족적 특성이 아니겠느냐 하는 생각도 들지만, 전설을 실재로 생각하는 그 당시 사람들의 표현이 전국에 골고루 나타내었다고 생각되기도 한다. 지금까지 24개나 되는 옥토끼의 작례에 대한 글을 썼다. 옥토끼의 표현은 여러 곳에서 보이는 것이 큰 특징이고, 중국의 영향을 받아서 민간이나 불교, 왕실 등에 골고루 퍼져 있었다. 옥토끼 작례의 시대는 남아 있는 것을 기준으로 보면 고려시대는 불교 문화에서 보이지만, 조선 시대에는 종교를 떠나서 보편화되었다는 것을 알 수 있었다.

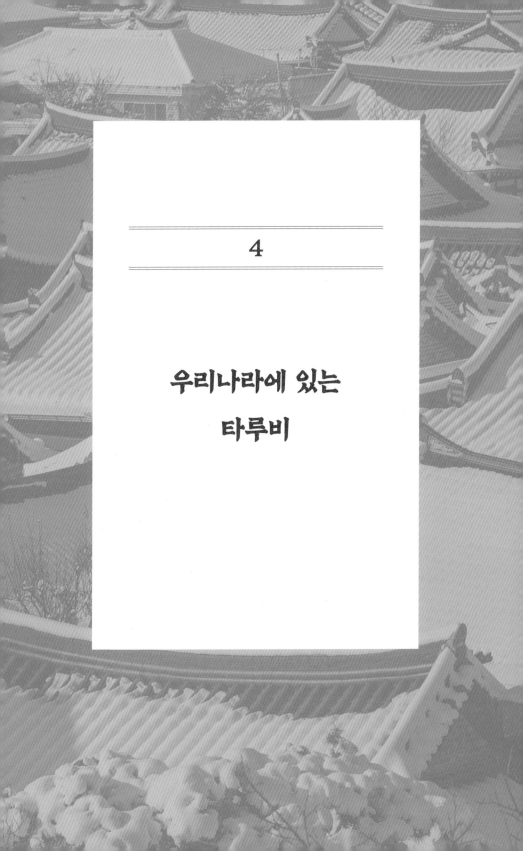

4

우리나라에 있는
타루비

타루비는 중국 진 나라의 장수 양호를 기리는 碑를 말하는데, 타루비라 이름 지은 것은 양호 장군의 후임인 省侯 두예이다. 양호 장군이 오랫동안 양양 땅에 머물며, 백성을 다스리고 오 나라를 경계하였는데 양호가 양양 땅 현산에 자주 올랐다고 한다.

이러한 타루비는 백성들과 군사들에게 선정을 베풀었기에 만 들어진 것이다. 양양 땅 백성들이 양호 장군을 그리워하며 비 를 세웠고, 碑를 보면서 눈물을 흘렸다고 한다. 그리하여 타루 비는 선정비의 대명사가 되어서 한반도에 전해졌는데, 지금까 지 한반도에 남아 있는 타루비를 조사하여 보니 10개 이상의 碑가 있는 것으로 확인되었다.

타루비가 되는 기준은 '타루'라는 명문이 있어야 한다는 조건하 에 조사를 하였으며, 부산에 있는 선정비는 '타루'라는 명문이 없으나, 양양과 현산을 비유하는 頌詩가 있었다. 다만 필자의 기준에 반드시 타루라는 명문이 있어야 한다는 것이기에, 이번 목록에는 제외시켰다.

또한 강원도 양양군 현산에 있는 이상일 부사 선정비는 타루라 는 명문이 없으나, 강원도 양양과 현산이 중국의 지명과 같아 서, 이상일 부사가 양양 땅에서 많은 선정을 하였기에, 타루비 라 하지만 비에 '타루'라는 명문이 없어 목록에 제외시켰다.

기록상 최초의 타루비는 여수에 있는 충무공 이순신 장군을 기리는 타루비가 최초이며, 최근에 것은 일본에 있는 조선 말의 유학생 박유굉의 타루비이지만, 직접 가서 사진 촬영을 하지 않았기에 간단한 내용만 적는다. 실재 존재하지 않지만 소설 춘향전에 그 내용이 보이고, 존재하지 않는 빗돌이지만, 소설에서도 내용이 보일 정도면 타루비가 조선시대에는 많이 있었던 것으로 추정된다.

중국의 타루비가 우리나라에 영향을 끼쳐 곳곳에 타루비를 세우게 하였지만, 어디까지나 중국에서 건너온 것이다. 우리나라에도 타루비처럼 백성을 잘 다스려 기리는 비가 있을까 하여, 찾아보니, 순천에 팔마비(八馬碑)가 있었다.

팔마비는 고려 때 인물인 최석의 청렴함을 기리는 것으로 알려졌는데, 우리나라의 선정비를 대표하는 것이지만 타루비처럼 곳곳에 세워지지 않은 것이 의문을 드는데, 중국에서 유래된 타루비 보다 우리나라에서 탄생된 팔마비를 더욱 알리고 한반도 곳곳에 세웠으면 한다.

(1) 여수 충무공 이순신 타루비

그림 149. 여수 타루비

여수에 있는 충무공 이순신 타루비의 형태는 네모난 받침돌 위에, 비신을 세우고, 머릿돌을 얹은 모습이다. 받침돌에는 꽃무늬가 새겨져 있고, 머릿돌에는 구름무늬로 가득 채워져 있으며, 꼭대기에는 머리 장식으로 보주(寶珠)가 큼직하게 솟아 있다.

비문은 '타루비'라는 비의 명칭을 앞면에 크게 새기고, 그 아래로 명칭을 붙이게 된 연유와 비를 세운 시기 등을 적고 있다. 이순신 장군이 세상을 떠난 지 6년 후인 선조 36년(1603)에 이 비를 세워 두었다. 현재 남아 있는 타루비 중 最古로 생각되며, 현재는 고소대에 있다.

타루비를 연구하는 중에 답사를 가서 사진 촬영을 하였는데, 사진이 마음에 들지 않아 2020년 1월에 여수를 방문을 하여 사진을 촬영하였다.

이순신 장군 타루비는 아산 현충사에 1좌가 더 있지만, 현대에 만들어진 것이고 여수의 타루비와 중복되기에 여기에는 나열하지 않는다. 다만 이순신의 장군의 선정비가 곳곳에 남아 있을 터인데 없다는 것도 의문이지만 타루비를 여기저기 세웠으면 하고 아산 현충사에 있는 타루비가 최소한 100년 정도는 지나야 되지 않겠냐 하는 생각도 들기에 목록에서 제외시켰다.

덧붙이면 이순신의 장군이 공적이 태산보다 더 높은데, 타루비 하나로는 어림 없다는 생각이 들기에 이순신 장군을 기리는 사당이 있는 곳에는 타루비를 세웠으면 하는 것이 필자의 욕심이다.

중국 한나라의 세울 당시의 명장인 한신이 말한 多多益善이라는 말이 있듯이 이순신 장군의 타루비는 많으면 많을수록 좋다는 생각이 글을 쓰면서 드는 것은 필자의 과한 욕심이라 생각이 드는 것은 아닐 것이다.

(2) 명나라 장수 양호 타루비

명나라 장수 양호 타루비는 碑의 제명에 거사비라 되어 있지만, 頌詩에는 타루라는 글이 있기에 포함시켰으며, 대구 현풍에도 비의 제명에는 없지만 송시에 타루라는 명문이 있어 포함시킨 비가 1좌가 더 있다.

그 비는 나중에 설명을 할 것이다.

현재 양호 장군의 거사비는 명지대학교 구내에 있으며, 원래 자리는 명지대가 서문문동 선무사 일대에 있다가, 대학교를 이전할 당시에 옮겨 온 것이다. 비석을 세운 시기는 선조 31년(1598년)이나 사진에 보이는 碑는 영조 40년(1764년)에 다시 세운 것이다.

비에 적힌 송시의 내용을 들여다보면 아래와 같다.

흠차[14]대신조선도어사 양공거사비

양공의 이름은 鎬이며, 호는 창서이다.

하남인으로 경진년에 진사가 되어

– 중략 –

---

14) 頌詩의 풀이는 서울금석문에서 발췌하였다.

조선 백성들이 공이 조선을 떠남을 막으려 했으나

머무르게 할 수 없었기에 눈물을 흘리며 이 비를 세운다

외국 군대의 장수에게 보내는 최고의 찬사로 보아지며, 최초 타루비의 주인공인 양호(羊祜)와 명나라 장수의 양호가 한자는 다르지만 불리는 이름이 같다는 것이 시간을 초월한 것으로 여겨진다.

가만히 생각해 보면 한국 동란 때 인천 상륙 작전을 성공한 맥아더 장군의 동상을 세워 기리는 것이 타루비와 같다는 생각이 든다.

그림 150. 명나라 장수 양호 타루비

(3) 현령 박종채 타루비

 박종채(1780년~1835년)는 1829년 음보로 나아가서 1834년에 경산현
령에 제수되었다는 기록이 승정원 일기에 보인다.
 그리고 타루비의 세운 시기를 추정하면 승정원 일기에 기록을 참고하
여 보면 아래와 같다.

 헌종 1년[1835년 道光 (淸/宣宗)] 15년 11월 24일
 以慶尙監司趙秉鉉狀啓, 慶山縣令朴宗采身死事.

 위의 글은 경상도 감사가 임금에게 보내는 장계인데 경산 현령 박종채
가 죽었다고 되어 있다. 그래서 경산현령 박종채는 임기 중에 사망하였기
에, 타루비를 세운 것으로 추정되는데, 현재 남아 있는 타루비 중에서 임
기 중 사망한 사또의 타루비를 세운 경우는 삼도수군 통제사 김영수와 선
산부사 오일영이 있다.
 박종채는 연암 박지원의 둘째 아들로 어릴 때 이름은 종간(宗侃)이었
다. 그의 부친인 연암의 연행을 상세히 기록한 『과정록』을 남겼다. 경산
현령 임기 중에 사망하였기에 어떠한 치적을 남겼는지 알 수 없다.
 다만 그의 아들인 박규수의 공으로 인하여 사후에 영의정까지 추증되
었다. 고종 1년에 현감에서 이조참판으로 고종 2년 이조판서에, 고종10년

그림 151. 경산 시립박물관 박종채 타루비

에(1873년) 영의정에 추증되었다.

경산에 있는 타루비가 경산 시청 정문에 있다 하여 찾으러 갔으나. 보이지 않아 경산시청 문화유산 담당자를 찾아가서 확인하니, 경산 시립박물관 외부 선정비군에 있다 하였다.

그런데 경산 시립박물관 선정비는 직접 가서 사진 촬영을 하였는데 타루비는 못 봤을까 하는 생각이 들었는데 관심이 있으며 보이고 없으면 보이지 않듯이 박종채 타루비도 그러한 경우로 생각된다.

박종채 타루비는 경산 시청 정문 부근에 있었으나 현재는 경산 시립박물관 비석군으로 옮겨졌으며 비에 새겨진 각자는 아래와 같다.

「縣令[15]朴侯諱宗采墮淚碑」란 碑銘이 있으며
右面에 「崇禎□□□□立」이 刻字되어 있다.

碑의 크기는 폭 56㎝, 높이 130㎝, 두께 18㎝이고, 字徑은 10×11㎝이다. 碑의 上部 뒷부분이 파손되었으며, 崇禎'字는 마모가 심하여 잘 보이지 않는다. 위의 글 이외도 다른 각자가 보여 경산 시립박물관에 자료를 요청하였지만 판독 불가라는 답이 왔다.

---

15) 명문의 풀이는 경산시 문화관광에서 발췌하였다.

(4) 선산부사 오일영 타루비

선산 부사 오일영 타루비는 선산 유교문화 진흥원에 있으나, 2011년 가서 타루비를 찾았을 때는 선산읍성 낙남루 아래에 있었다.

오일영 부사는 1887년 4월에 선산부사에 임명되었는데, 비를 세운 시기는 1888년 5월이다. 오일영 부사 임기 중에 사망하였다는 기록이 보이지 않는데, 추정으로는 임기 중 사망하였기에 타루비를 세운 것으로 생각되지만, 타루비를 사망 후 곧바로 세웠는지, 몇 달 후에 세웠는지는 알 수 없다.

오일영 선산 부사를 기리는 송시의 풀이는 아래와 같다.

嗚乎我侯 寔民父母
父母云亾 曷不悲慕
烏山萬尋 洛水千古
侯靈不畱 侯名不朽

아아! 우리 사또는 우리의 부모이다.
부모가 죽으니 어찌 그리워하여 슬퍼하지 않으리오
금오산은 만장처럼 높고 낙동강은 오랜 세월 흘렀네
원님의 영혼은 머물지 못하나 원님의 이름은 사라지지 않을지어다.

오일영 선산 부사의 치적은 나타나지 않으나, 타루비를 세웠다고 하여 선정을 베풀었다고 할 수는 없다. 그렇지만 업무 중에 사망한 경우는 현대에도 높이 평가하기에 그 당시의 사람들도 업무 중에 돌아가신 것을 높이 평가하여 타루비를 세웠다고 추정하는데 치적이나 기록이 없기에 그렇게 생각하여 본다. 오일영 부사의 선정비는 선산 지역 외에도 2좌가 더 있다는 기록이 있기에 치적을 찾아서 연구를 하여야 제대로 평가가 될 것으로 보인다.

그림 152. 선산부사 오일영 타루비

독특하고 재미있는 문화유산 이야기 上

(5) 현풍 김명진 타루비

김명진은 경상도 곳곳에 선정비의 흔적이 남아 있다. 필자가 찾은 것은 몇 개가 되지 않았지만 우연히 자료를 보다가 대구 현풍에 선정비가 있어 갔다 왔다.

옛 자료에 의하면 쌍계 마을 회관에 있다고 하였지만 현지에 가 보니 마을 쉼터 옆에 비가 있었다. 원래의 자리는 알 수 없지만 하천에서 발견되어 몇몇 사람들의 노력으로 지금의 자리에 자리 잡았다.

이 비를 타루비로 보는 것은 송시의 내용에 '墮淚'라는 글이 보여서 그리하였다. 어느 비를 칭할 때 기준이 있어야 한다는 생각에 그렇게 하였다. 희미하지만 碑에 새겨진 글을 옮겨 본다.

그림 153. 김명진 타루비

蒼生墮淚[16] 一片經營

攬□巡賑 增贊育英

梅棠蔽芾[17] 節錢淸明

洋洋化溢 □十周成

모든 사람들이 눈물 흘렸네

한 마음으로 경영을 하시고

순시하며 가난을 진휼하였고

인재를 기르니 칭찬은 높았네

변하지 마음으로 감당나무 아래서 다스렸네

청명하게 돈을 다루어 절약하여

멀리 멀리까지 두루 미치니

□□주나라 임금처럼 되었네

이제까지 찾은 김명진의 선정비는 17좌나 되며 그중에 철비도 있었다.

---

16) 비에 보이는 명문은 『대구광역시에 소재한 조선시대의 송덕비 및 영세불망비』라는 책
에서 가져왔지만 명문 풀이는 필자가 나름대로 보태서 풀이하였다. 또한 송시의 한자
는 글을 쓰신 전일주 선생께 2022년 12월 16일에 허락을 맡았다.

17) 주 문왕(周文王) 때 남국(南國)의 백성들이 소백(召伯)의 선정(善政)에 감사하는 뜻에
서 그가 머물고 쉬었던 감당나무를 소중히 여겨서 "무성한 감당나무를 자르지도 말고
베지도 말라. 소백께서 그 그늘에 쉬셨던 곳이니라. [蔽芾甘棠 勿翦勿伐 召伯所茇]"
라 노래하였다 한다. 《詩經 召南 甘棠》여기서는 관찰사의 선정을 칭찬하는 뜻이 담
겨 있다.

번호	장소	번호	장소	
1	청도 각북	10	선산 유교진흥원	
2	이천 안흥지	11	함창 공원	
3	남해 남산공원	12	함안 함성 중학교	
4	대구 감영공원	13	문경 새재	
5	창녕 만옥정 공원	14	보은 산외	암행어사 철비
6	영천 문화원	15	보은 덕촌리	
7	함양 상림공원	16	대구 고성 초	
8	거창 박물관	17	사천 곤명	
9	김천 남산공원			

이렇듯 한 사람의 선정비가 많이 남아 있지만 김명진 관찰사의 선정비는 경상도 지역에 골고루 남아 있어 관찰사의 순력 지역을 알 수 있는 중요한 碑이다.

전국에 남아 있는 사또의 선정비는 6000여 개 되나 그중에 타루비는 손꼽을 정도이지만, 알려진 것은 이순신 타루비와 장수의 순의리 타루비 정도이다.

남아 있는 타루비를 잘 보존하여 더욱 알리는 계기가 되었으면 한다.

墮淚碑

옥산 이희득

눈물을 흘린다는 것은
누구를 잃을 때도 그렇고

누군가를 그리울 때도
슬플 때도 그러하다

이제는 善政을
펼칠 수 없지만
눈물을 흘리는
백성이 있었으니
얼마나 기쁜 일인가

수많은 시간이
흘러도 그 흔적은
돌기둥에 남아 있으니
싫다 좋다 하지 말아라

모든 것은 당시의
민심이 아느니
사또의 행적은
하늘만이 평가하리라

(6) 영해부사 유한인 타루비

영해 부사 유한인의 타루비는 장육사를 답사 갈 때 碑를 본 적이 있었는데, 그 당시에는 사진만 촬영하고 명문도 희미하여 별 관심을 가지지 않았다. 그러다가 조사하는 과정에서 타루비라는 것을 알아내어 시간을 내어 사진 촬영을 다시 하러 가서 보니 몇 년 전에 보았던 碑였다.

碑에는 명문이 있는데 그 내용은 아래와 같다,

　　三年爲政 永世不忘
　　生來死歸 痛結襄陽[18]

　　삼년 동안 영해를 다스렸으니
　　오랜 세월 잊지 못하네
　　오실 때 살아서 오고 돌아갈 땐 불귀의 객이 되었네
　　쓰라림으로 맺어진 타루비라네

영덕군청에서 받은 자료에는 부사 유한인이 혹정을 펼쳤다고 한다.
부사의 임기를 마치고 나서 송별회를 하는 중 전별주에 아전이 독약을

---

18) 襄陽(양양)은 지명을 뜻하는지 故事를 뜻하는지 알아내지 못하였지만 필자 나름대로 해석하였다. 다른 해석으로는 이백의 襄陽歌라는 것도 있다.

그림 154. 영해부사 유한인 타루비

타서 죽게 만들었다고 한다. 그 일이 탄로 나서 부사를 죽인 아전은 죽임을 당하였고 이 일에 대한 것은 타루비를 세워서 무마하였다고 한다. 승정원 일기에는 휴가 가는 길에 갑자기 죽었다는 기록이 있어 어느 것이 맞는 것인지는 확인되지 않는다.

사람을 죽여 놓고 제대로 조사하지 않고 碑 하나로 무마하였다고 하니 쉽게 이해가 되지 않는 것이다.

비의 뒷면 기록을 보면 '임인년(1842) 헌종 8년 2월에 신기동에 사는 하간옥이 뜻을 내어서 다시 고쳐서 세우다.'라고 하였으니, 유한인 부사 사후 36년 만에 세웠다는 내용이고 전면에 새겨진 숭정기년은 글씨가 마모되어 읽을 수가 없지만 처음 세웠던 본래의 타루비가 마모되었는지 1842년에 다시 세웠음을 밝히고 있다.

다른 기록에는 유한인은 인품이 청간(清簡), 엄정(嚴正)하였으며 공무를 수행함에 있어서는 사사로운 일을 돌보지 아니하였다 하는데 어찌하여 영해 지역에서만 혹정을 하였는지 알 수 없다. 필자의 추정으로는 죽은 아전이 잘못을 하여, 유한인 부사가 그 내용을 알아 벌을 주었기에 앙심을 품어 독살한 것으로 생각된다. 어디까지나 필자의 추정이다.

타루비의 본래의 의미가 퇴색되어 버렸고 혹정을 하였다는 기록도 암살을 하였다는 기록도 政史에 없는 내용이기에 아쉬움이 많이 남는 타루비이다.

(7) 청도군수 김기서 타루비

청도는 필자가 사는 고장에서 1시간이면 갈 수 있는 곳이라 자주 가는 곳이다. 타루비에 관심을 가지게 된 것은 여수에 있는 이순신 장군 타루비를 보고 나서 전국에 얼마나 많은 타루비가 있을까 하여 조사를 하여 알아낸 비이다.

청도의 지명은 특이하게도 중국에도 있고 한반도와 일본에도 있어, 어떠한 연관성이 있을 터인데 아직 밝혀진 것이 없다. 청도읍성 비석 群에 있는 김기서의 타루비이며, 비양 가운데에 제명이 있고 대련의 형식으로 송시가 있다.

송시의 내용은 아래와 같다.

蔽袪[19]補廳   폐단을 없애고 청사를 보수하셨네
德洽窮蔀   가난한 집까지 은덕이 미치었네
愈久難忘   날이 갈수록 잊혀지지 않는데
閣頹石豎   비각은 퇴락하고 비석만 서 있네
墮淚閣記文   타루각의 기문은
揭于鄕射堂   향사당에 걸려 있네

---

19) 김기서 타루비 명문의 풀이는 청도금석문에서 발췌하였다.

위의 글에서 보듯이 군수로써 많은 업적을 남겼다고 하지만 생애와 행적에 대한 기록이 보이지 않으며, 각사등록에는 제천현감을 역임하였다는 기록만이 있다.

성대중 선생의 『청성집』에는 김기서의 산수화를 보고 글을 쓴 제목과 시문이 적혀 있어, 그림을 잘 그렸다는 것을 알 수 있을 정도이다. 제천현감과 청도 군수를 역임한 인물에 대한 기록이 미비하다는 것은 글의 쓰는 시점에서 많은 의문이 남는다.

그림 155. 청도군수 김기서 타루비

(8) 삼도수군통제사 김영수 타루비

삼도수군통제사를 지낸 김영수 장군은 여러 곳에 흔적이 남아 있는데, 흥해 권무정에 선정비가 있으며 한산도 제승당 글씨, 제주도에는 선정비와 관덕정 현판의 글씨가 남아 있고 여수에도 공덕비가 있다. 그리고 마지막으로 벼슬을 한 통영에서는 세병관에 타루비가 남아 있다.

세병관 동편 비석군에는 역대 삼도수군통제사를 지낸 이들의 선정비가 남아 있는데, 그중에 1좌가 김영수 장군의 타루비이다.

타루비에는 그를 기리는 銘文이 있는데 내용은 아래와 같다.

> 六朔莅[20]營　一心圖報
> 身無兼衣　言不及事
> 規劃未半　公下遽棄
> 父老咸嗟　士卒相弔

> 6개월 동안 통제사를 맡으셔서
> 한마음로 보은을 도모하고
> 몸에는 사치를 하지 않으셨고
> 말씀에는 사사로움이 없었다.

---

20) 김영수 타루비 명문의 자료는 통영문화원에 계시는 이충실 선생께서 보내신 자료이다.

계획한 것은 절반도 이루지 못하고
공께서는 어찌 급하게 가시나이까!
모든 백성이 탄식을 하였으며
선비와 군사 서로서로 조문을 하네

　김영수 장군의 마지막으로 보낸 곳이 통제영이었는데, 부임 6개월 만에 돌아가시니 많은 사람들이 슬퍼서 타루비를 세운 것으로 풀이된다.
　짧은 임기라서 많은 업적을 남긴 것은 없으나 계획된 일을 이루지 못하고 떠난 통제사를 그리워하는 마음을 송시에 잘 나타내었다고 생각한다.

그림 156. 삼도수군통제사 김영수 타루비

(9) 창녕현감 서응보 타루비

    창녕 만옥정 공원에 있는 창녕현감 서응보의 타루비는 탑본을 하려고, 창녕군청에 문의하였으나, 허가가 나지 않아 필자는 탑본을 직접 하지 못하고 창녕군청에서 탑본을 히여 자료를 보내 왔다. 비의 제명은 서응보 타루비라 되어 있으며 頌詩를 분석하여 보니 死後에 비를 세운 것으로 추정된다.

    그러므로 서응보 타루비는 현감 재임 중에 돌아가신 것으로 생각되지만, 그것을 뒷받침할 자료가 없어서 추정으로만 가능하다.

    선정비에 명문은 특이하게 구성을 하였는데, 제명은 碑身 가운데 있으며, 頌詩는 아래와 같이 되어 있다.

水　　　　　玉
如　　　　　自
清　　　　　潔

我
候
之
志

옥처럼 깨끗하고 맑은 물과 같은 뜻을 지닌 우리 원님이시니

乳[21]　　　虎[22]
復　　　　渡
穴　　　　河
　　我
　　候
　　之
　　治

호랑이도 강을 건너가고, 석종유도 다시 나오니 우리 원님의 선
정이로다.

一　　　　三
夢　　　　載
忽　　　　縗
　百[23]

---

21) 乳復穴은 유종원의『연주군부유혈기』에 나오는 이야기이며, 중국 연주 영릉현에 있는
　 연산에서 석종유라는 좋은 약이 생산되는데, 국가에서 공물로 받아가 백성들이 힘들
　 게 되자, 석종유가 더 이상 나오지 않았다. 그로부터 몇 년이 흐른 후 최민이 영주자사
　 로 부임하여 선정을 베풀자 굴을 지키는 사람이 와서 석종유가 다시 나온다고 아뢰었
　 다. 이것을 두고 사람들은 최민의 선정이 두루 미쳐 마치 흙과 돌까지도 빛나는 공덕
　 을 입었다. 노래하였다는 고사이다.
22) 虎渡河는 선정(善政)을 베풀었음을 뜻한다. 후한(後漢) 때 유곤(劉昆)이 강릉 태수(江
　 陵太守)로 있을 때 인정(仁政)을 크게 펴니, 범들이 모두 새끼를 등에 업고 고을을 떠
　 나 황하를 건너갔다고 한다.
23) 百里는『시경』「대아(大雅) 상유(桑柔)」에 '이 성스러운 사람은 멀리 백리 밖을 내다보
　 고 말을 한다. [維此聖人 瞻言百里]'라는 말이 나오지만, 다른 古事도 있기에 어느 것

里
如
失

부임 삼 년 만에 돌아가시니 백리를 잃은 듯하니, 한순간의 꿈이
었네.

輦[24]　　　片
慕　　　　石
寓　　　　立

萬
世
不
滅

그리운 것은 腰輿에 부치고 한 편의 돌을 세우니 오랜 세월 변하
지 않으리.

　서응보 타루비[25]는 1811년에 세웠다는 기록이 비음에 있기에, 부임 시
기는 1809년으로 보이며, 삼 년 동안 현감으로 재임하였다는 것을 알 수

에 비유하였는지 알 수 없다.
24) 輦는 요여(腰輿)를 뜻하는데 장례 때 혼백과 신주를 운반하거나 자그마한 가마를 말
　한다.
25) 서응보 타루비 명문 풀이는 필자가 직접 하였기에, 전문가들과는 차이가 난다고 본다,

있다. 일반적으로 수령의 임기는 2년이지만 서응보 현감은 과만이 되어도 체직되지 않고, 연임한 것을 알 수 있다.

타루비를 왜 세웠을까 하는 의문이 드는데 기록이 부족하여 관례로 세웠다고 추정하여 보지만 그 많은 선정비 중에 현감 서응보만 타루비를 세웠을까 하는 의문도 든다.

이렇게 비석 명문 하나만으로 많은 정보를 유추할 수 있다는 것이므로 남아 있는 것들을 잘 보존하여야 할 것이다.

그림 157. 창녕현감 서응보 타루비

(10) 부안 이유 선생 타루비

부안 타루비는 처음부터 알아서 간 것은 아니고, 답사를 하면서 우연히 본 타루비이다. 나중을 대비하여 사진 촬영을 히였으며, 현대에 복원된 타루비이다.

타루비의 주인공[26]인 이유의 내력은 다음과 같다.

> 이유의 자는 덕형(德馨)이고 호는 도곡(桃谷)이며 본관은 함평(咸平)이다.
> 영파정(纓波亭) 안(岸)의 현손이며 대사간(大司諫) 죽곡(竹谷) 장영(長榮)의 아들로 전남 영광에서 1545(인종1)에 태어났다.
>
> 그리고 뒤에 그의 숙부인 생원(生員) 억영(億榮)의 양자로 입계하였다.
> 그는 일찍부터 공령을 사하고 처향인 부안으로 이거하여 지금의 상서면 도화동으로 이사를 하여 맑은 시냇 물가에 초당을 짓고 은둔하면서 경사를 강론하고 여러 차례의 부름에도 나가지 아니하였다.

---

26) 이유 선생의 내력은 부안군지에서 발췌하였다.

그림 158. 부안 이유 선생 타루비

1592년(선조 25년)에 임진왜란이 일어나매 과감히 일어서서 의
병을 모아 제봉 고경명(霽峰 高敬命), 중봉 조헌(重峰 趙憲), 건
재 김천일(健齋 金千鎰)의 진중에 의병을 보냈다. 그뿐 아니라
군량도 모아서 계속하여 의병진에 보냈다.

1597년(선조 30년)에 정유재란이 일어나서 적군이 부안에 침입
하여 노략질을 자행하려 하므로 그는 의병을 모아 이끌고 지금
의 상서면 청등에서 적군과 3일간 걸쳐 역전하여 일단 그들을

물리쳤는데 왜적이 군사를 다시 정비하여 침입하니 힘껏 싸웠으나 중과부적으로 9월 19일에 전사하고 말았다.

그의 부인 부안 김씨(扶安 金氏)는 남편이 전사하였다는 소식을 듣고 바로 그곳으로 나아가서 병졸을 이끌고 죽창으로 맞서 싸우다가 같이 전사하였다.

적군이 물러간 뒤에 도곡(桃谷) 내외의 시신을 찾지 못하여 도화동 뒷산에 초혼하여 무덤을 모시었다 고을과 마을 사람들은 그의 함덕과 충성심 그리고 부인의 충렬의 미덕을 추모하여 무덤 근처에 타루비(墮淚碑)를 세웠으나 오랜 세월이 흘러 언제인가 없어지고 말았다.

그리하여 그 후손들은 1979년에 다시 옛날의 타루비를 다시 세웠다.

사람들은 그가 오랑캐를 쳤다고 하여 그 재를 호벌치(胡伐峙)라 부르게 되었다 한다.

위의 글을 읽어 보면 이유 선생만이 추모하는 것이 아니고 부인도 추모하여 타루비를 세웠다고 하니 국내 유일한 부부 '타루비'라 칭하여도 무방하다고 생각한다.

(11) 장수 타루비

　장수군의 타루비는 2016년과 2018년에 답사를 가서 보고 온 碑였다. 전국의 타루비가 많이 있지만 대부분 벼슬아치를 위한 것이라면 장수군 타루비는 사또를 모시는 通引의 碑이다.

그림 159. 장수 타루비

수령이 임지에 와서 둘러 볼 때 길을 잘 아는 통인과 같이 가다가 변을 당하였는데 그것에 대한 책임을 지고 순직한 것을 기리는 碑이기 더욱 슬픈 것이다.

장수 타루비의 건립한 내력을 간단하게 적어 본다.

조선 숙종[27] 4년(1678년) 당시 장수현감 조종면이 전주감영에 가기 위해 말을 타고 천천면 장척마을 앞 바위 비탈을 지나는데, 길가 숲속에서 졸고 있던 꿩이 요란한 말발굽 소리에 놀라는 바람에 무심코 지나가던 조 현감의 말이 놀라 한쪽 발을 실족, 절벽 아래의 배리소에 빠져 급류에 휩쓸려 현감이 목숨을 잃게 되자 주인을 잃은 백씨는 자기가 잘못하여 현감이 죽었다고 통곡하며 손가락을 깨물어 혈서로 원한의 꿩과 말, 그리고 타루 두 자를 바위 벽에 그려 놓고 자기도 물에 뛰어들어 죽었다 한다.

그 후 1802년 장수현감 최수형이 주인에 대한 충성스런 마음을 널리 알리기 위하여 현지에 비를 세우고 '타루비'라 하였다.

순의리 타루비(殉義吏 墮淚碑)

옥산 이희득

남은 것은 커다란 돌 하나이지만

그곳에 이름 하나 없고

---

27) 타루비의 내력은 장수군 문화관광에서 발췌하였다.

義만 남았네

바위에 피로 새긴 그림
이제는 보이지 않으니
눈물만 흘리네

밤낮없이 찾아오는 객들
물에 던져진
아픔을 어찌 알려나!

(12) 안동부사 김수근 타루비

안동부사 김수근의 타루비는 차를 가지고 않고, 버스를 타고 갔다 왔는데 몸은 힘들지 않지만 오고 가는 시간이 소요되었다. 문경 새재 입구에서 교귀정까지 걸어 40여 분 걸리는 시간을 생각을 하지 못해서 그렇게 된 것이다.

타루비는 오석에 명문을 새겼는데 처음에는 글씨가 희미하고 내용이 많아 풀이가 되지 않았지만 문경시청에 문의하여 자료를 구하였다.

비각의 흔적이 보이지만 현재는 교귀정 부근에 있다. 안동부사 김수근 타루비는 안동 지역에 있어야 하는데 왜 문경 새재에 있을까 궁금하여 자료를 찾아보니 김수근 부사가 선정비를 세우지 말라 하였다. 死後에 비가 세워지는데 문경 새재에 세운 이유는 김수근 부사가 고향이나, 다음 임지는 가는 방향에 백성들이 세웠다고 생각한다.

지금 국내에 남아 있는 타루비 중 명문이 제일 많으며, 탐관오리가 아니라 제대로 선정을 베푼 부사이어서 모든 벼슬아치들이 귀감이 되었기에 안동의 군관민들이 마음을 합쳐서 만든 비이다.

타루비에는 전면과 후면에 많은 명문이 있지만 앞면만 올리면 아래와 같다.

독특하고 재미있는 문화유산 이야기 上

安東府²⁸⁾使 金洙根 追思 墮淚碑

安東府使 金相國正公洙根 追思 墮淚碑
公昔涖我 陽春有脚 簿燒簽黃 恩浹髮白
日中南樓 舞蹈如昨 石□□平 不洙者德

공이 옛날에 우리 대도호부사로 계시면서
가시는 곳마다 은혜를 베푸셨네.
악정의 문적을 태워 없애니
그 은택이 노유에게도 두루 미쳤네.
한창 해가 남루를 비추니
옛날처럼 춤추며 즐거워하리라
돌에 글을 새겨 기리니
그 은덕 영원토록 사라지지 않으리

公去十六年 歿粵明□□□本府三十八坊小民等立時
咸豊五年九月 日

공이 떠난 지 16년 후에 작고하시니
이듬 을묘년에 본부 36방의 소민 등이 세우니
때는 함풍 5년 9월 일이라

---

28) 비의 풀이는 경북북부문화정보센터에서 가져왔다.

그림 160. 안동부사 김수근 타루비

독특하고 재미있는 문화유산 이야기 上

(13) 구례현감 조창문 타루비

현감 조창문의 타루비는 봉덕정 입구에 선정비 群에 있다. 조창문의 선정비는 사진 촬영을 2016년에 한 것으로 생각되었으나, 사진을 찾아보니 없어 시간을 내어 재촬영한 碑이다.

비의 각자는 '縣監趙侯昌門遺愛墮淚碑'라 되어 있고, 뒷면에는 '甲寅三月日口成'이라 되어 있다. 위의 기록을 바탕으로 조창문의 구례현감 재임 기록을 찾아보니 『조선왕조실록』이나 『승정원 일기』에는 구례현감으로 부임한 기록이 보이지 않았다. 1657년에 감찰에 제수된 기록이 승정원 일기에 보이는데 이게 마지막 관직 기록이다. 그러나 허목 선생의 문집인 『미수기언』 38권에 구례현감 조창문이라는 기록이 보인다.

그 내용은 아래와 같다.

기언 제38권 원집[29]- 동서기언(東序記言)

강승지(姜承旨) 유사(遺事) 부(附) 조인의(趙引儀)
- 중략 -
조충남(趙忠男)은 그의 조상이 한양인(漢陽人)으로 조문정공[趙文正公 문정은 조광조(趙光祖)의 시호] 형제의 자손이라 한다.

---

29) 고전번역원 db에서 발췌하였다.

몸을 깨끗하게 가져 더럽히지 않고 세상에 은둔하니 세상에서 아는 자가 없었으나 오직 이 문충공이 마음으로 서로 허여하여 공을 일컫기를,

"고행(高行)으로 세상에 은둔한 사람이다."

하였다. 벙어리를 칭탁하고 남과 말하기를 좋아하지 않고, 사람의 선악·사정(邪正)·득실을 일세 눈을 찌푸리거나 웃음으로 표시하였는데, 그가 눈을 찌푸렸던 사람은 후에 하나같이 모두 패하였고 그가 웃어 준 사람은 모두 영예(令譽)로 끝을 맺었으니, 그 또한 기이한 일이다. 일찍이 벼슬하여 인의가 되었으나 버리고 떠났다. 강승지보다 10년 연장이라 한다. 그의 사적은 세상에 전하는 것이 없고, 강승지의 탄금(彈琴)을 두고 읊은 절구 한 수가 있는데 강석무(姜碩茂)가 그것을 외고 있다.
아들 조이첨(趙爾瞻)은 의금부 도사가 되었고, 손자 조창문(趙昌文)은 지난해에 구례현감(求禮縣監)이 되었다.

조선왕조실록이나 승정원 일기에 보이지 않는다는 것은 필자로써는 많은 의문을 가진다. 갑인년(1614년)에 벼슬한 것인지 아니면, 대부분의 타루비가 임기 중에 돌아가시는 경우가 많이 1614년에 별세하였는지 추정이 되지 않는다.
필자는 타루비를 하나 더 찾았다는 것에 만족을 하며, 현감 조창문의 타루비는 기록이 많이 없는 관계로 영원한 숙제로 남겨 놓는다.

앞에 나열한 타루비 외에도 부산에는 2좌의 비가 있지만, 필자가 직접 가서 비를 확인한 결과, 현산의 돌[30]이라는 표현밖에 보이지 않아서 이번 목록에는 제외시켰으며, 강원도 양양에 있는 양양부사 이상일의 선정비도 자료에는 타루비라 하였지만 필자가 직접 가서 확인하니 '타루'라는 명문이 없었지만 이상일 부사 선정을 많이 베풀었기에 공덕비를 세운 것인데 많은 선정비들 중에서 왜 이상일 부사만 타루비라 하였을까 하는 의문도 든다.

비의 명칭을 정하는 데 있어서 墮淚, 下馬 등의 용어는 아주 중요한 것이다. 모든 비를 타루비가 할 수 없으므로 선정비 명문에 '타루'라는 명문이 있어야 한다는 것이 타루비의 조건이다.

마지막으로 『춘향전』에 타루비라는 글이 보이지만 어디까지나 소설 속에 나오는 내용이고, 『춘향전』의 무대인 남원 광한루에 타루비는 보이지 않았다. 만약에 소설이라도 광한루에 타루비가 있으면 글을 썼을 것이다.

벼슬아치의 평가를 碑에 새겨진 명문의 내용만으로 평가하기는 어려운데, 그 이유는 수령의 통치 기록이 정확하게 남아 있지 않는 것이 현실이다.

일본에도 조선 말의 유학생인 타루비는 박유굉은 1882년 수신사 박영효의 수행원으로 도일하여 게이오의숙(慶應義塾)에 입학하였다. 그 뒤 국가에서 들어오라는 명이 있어 갈등하다가, 자신의 처지를 한탄하다가 자살을 하였는데 나중에 같이 간 유학생 친구들이 그의 묘비에 타루비라는

---

30) 현산의 돌이라는 것은 중국의 타루비 설명 중에 양양 땅에 있는 조그마한 산을 가리키는데, 이곳에서 타루비의 주인공인 양호가 자주 올라가서 적진을 살피고, 휴식을 취하였다고 한다.

명문을 새겼다.

타루비 중 외국에 있는 유일한 것으로 생각되고, 연천에 파평 윤씨 참회타루비가 있지만 2005년에 제작되었기에 여기에 목록에 제외시켰다. 북한에도 타루비가 있다는 기록이 보이지만 현실적으로 보긴 어려운 것이여서 생전에 보기를 희망하여 본다.

그림 161. 구례현감 조창문 타루비

독특하고 재미있는 문화유산 이야기 上

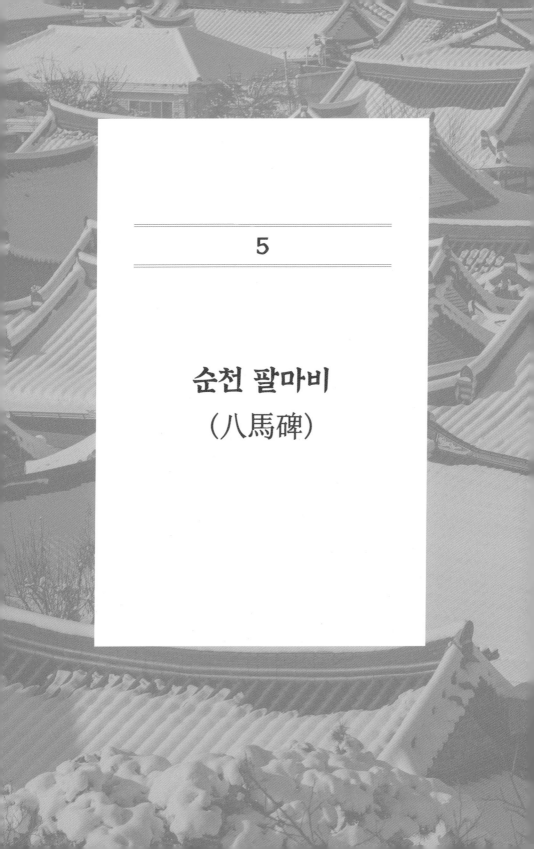

5

순천 팔마비
(八馬碑)

타루비가 중국에서 유래되었다면 八馬碑는 한반도에서 유래가
된 碑이다.
팔마비의 유래는『고려사절요』에 나와 있는데 그 내용을 인용
하면 아래와 같다.

> 승평 부사(昇[31]平府使) 최석(崔碩)을 비서랑(祕書郞)으
> 로 삼았다. 승평부에서는 옛날 풍속이 읍의 수령이 갈
> 려 갈 때마다 반드시 말을 주었는데, 태수(太守 부사
> (府使))는 8필, 부사(副使)는 7필, 법조(法曹)는 6필씩
> 마음대로 골라가게 하였다.
> 최석이 돌아가게 되니 고을 사람들이 관례에 의하여
> 말을 가지고 와서 고르기를 청하였는데, 최석이 웃으
> 면서 말하기를 "말이 서울까지 갈 수만 있으면 충분
> 하니 골라서 무엇 하겠느냐." 하고 집에 와서 말을 돌
> 려보냈는데 아전이 받지 않았다.
> 최석이 말하기를, "내가 너의 고을에 원으로 갔다가,
> 나의 암말이 낳은 새끼를 지금 데리고 왔으니, 이것
> 은 나의 욕심이었다. 네가 받지 않는 것은 내가 욕심

---

31) 고전번역원 db에서 발췌하였다.

이 있는 줄을 알고 내가 겉으로만 사양하는 체 한다고
생각하는 것이 아니냐" 하고 그 망아지까지 돌려주니
이후로 그 폐단이 드디어 없어졌다. 고을 사람들이 그
덕을 칭송하여 비석을 세웠는데, '팔마비(八馬碑)'라
이름하였다.

현재 남아 있는 팔마비는 고려시대의 것이 아니고 조선시대에
다시 세운 것이다. 그런데 타루비와 같이 다른 지역에 세워지
는 것이 아니고, 순천에만 있다는 것이 의아해지는 비이다.
타루비는 여러 곳에서 타루라는 이름이 나올 정도로 많이 보이
지만 우리나라에서 유래가 된 八馬碑는 곳곳에 세워지지 않은
이유를 필자가 추정하여 보면 대륙을 섬기는 사대사상이 강하
고 碑를 세운 것이 고려시대이기에 정치적으로 八馬碑를 배척
하여 세우지 않은 것으로 해석된다.
그러나 선현들의 문집에는 팔마비에 대한 글들이 보여 한반도
최초의 선정비, 또는 공덕비라 칭하여도 무방할 정도이다. 한
반도 곳곳에 碑가 보이는데 선정비나 공덕비라 하지 말고 '팔
마비'라 하였으면 더 좋았을 것이라 생각하여 본다.

팔마비

옥산 이희득

七馬에서 八馬로
말이 늘어나니
백성의 원망은 줄었네.
대륙의 墮淚碑
많고 많으나
八馬碑
조선 팔도에
귀하고 귀하도다.
칭송의 소리
더 높은데
알아주는 碑
하나뿐이니.
언젠가는
九馬碑라
부를 날 있으리.

그림 162. 순천 팔마비

6

御賜玉碑
(어사옥비)

碑를 만드는 재료는 나무와 철, 청동 그리고 돌이다. 그러나 玉으로 만든 碑는 극히 드물고 한반도에는 2좌의 옥비가 남아 있지만 널리 알려지지 않았다. 기록에는 鍮碑(유비)와 도금을 한 비가 있었다는 기록이 있지만 현재는 남아 있지 않다. 철로 는 만든 비는 96좌(청동 1좌 포함)가 남아 있으며 나무로 만든 비는 전국에 10여 좌이다. 그리고 선국에 돌로 만든 비는 가장 많이 남아 있으며 이름도 골고루 있어 그 수를 짐작하기도 어렵다.

옥비는 남아 있는 것이 2좌인데 그중 1좌는 창원에 가면 있으며, 제명은 '숙인창원박씨지묘'라 되어 있어 묘비로 인식된다. 창원의 어사옥비는 2007년 1월에 답사를 갔는데 그 당시에는 가는 길도 어렵지만, 전자 안내기도 없던 시절이라 길을 찾는데 고생을 많이 하였다. 사진 촬영도 제대로 하지 않아 2021년 1월에 다시 가서 사진 촬영을 하였는데 15년 만의 방문이었다. 비의 상부는 연화문으로 조식되었고 제명 외에는 별다른 명문이 없다. 다만 부부에게 내린 옥비가 같이 있지 아니하고 떨어져 있는데, 나란히 모셨으면 하는 마음이 생긴다.

玉碑는 도로에서 조금 떨어진 창녕 조씨 재실인 모선재의 비각 안에 모셔 두었으며 조선 중종 때의 문신인 조치우(曺致虞) 선생의 부인에게 내린 碑로 임금이 하사한 것이라 하여 '어사옥비(御賜玉碑)'라 불린다.

비는 비신과 머릿돌을 한 돌로 다듬어 세워 놓았다. 비각이 작아서 옥비가 답답해 보이는 느낌이 많이 들기에 받침을 크게 하고 보호각 기둥을 더 높였으면 한다.

玉은 장신구로 여기는 경우가 많은데 碑로 만든 경우는 영천과 창원에만 보이는 것인데 옛 기록을 살펴보면 옥으로 비를 세우는 경우는 가끔 보이지만 국가에서 부부에게 내리는 경우는 극히 드물다고 생각이 든다.

원래의 자리는 경상남도 창원시 북면 대한리에 있는 조치우의 부인 창원 박씨 묘 앞에 세워져 있었으나, 후손들이 파손·도난을 우려하여 현재의 자리로 옮겨 왔다고 전해지며 받침돌은 없어졌으며 어사옥비 우측 아랫부분이 깨어져 양회로 보수한 흔적이 있기에 더욱 보존에 만전을 기했으면 한다.

그림 163. 창원 박씨 어사옥비

독특하고 재미있는 문화유산 이야기 上

(1) 영천 어사옥비

영천의 어사옥비는 조치우 선생에게 내린 것이며 유후재라는 사당 내부 비각에 모셔 두었다. 창원에 옥비가 백옥이라면 영천의 옥비는 청옥 계통의 옥으로 되어 있고 명문도 비취색으로 되어 있어 신비감이 있다. 碑首는 연봉으로 장식하고 그 아래로는 연꽃이 만개한 형식으로 취했으며 비신은 아름다운 무늬가 있다. 받침은 귀부로 되어 있지만 잘 만든 것은 아니다.

그림 164. 영천 조치후 어사옥비

어사옥비가 있는 곳으로 동쪽으로 올라가면 묘소가 있어 조치우 선생의 후손의 말씀으로는 말을 타고 갈 때 어사 옥비가 있으면 하마의 예를 취했다는 전설이 있었다고 한다. 필자가 의아하게 생각하는 것은 팔마비나 타루비는 여러 문집에서 보이는데 옥비는 선현의 문집에는 다루지 않아서 실망을 하였다.

다만 심재 조긍섭 선생의 문집인 『암서집』에는 옥비에 대하여 간략하게 소개되어 있어, 문집에 나왔다는 것이 위안이 되지만 긴 내용이 아니고 간단하게 되어 있다. 이제라도 어사옥비를 많이 알려서 전국에 있는 선정 비처럼 연구하어, 많은 분들이 알았으면 하는 바람이다.

아래는『암서집』[32]의 내용이다.

조씨(曺氏)의 선계(先系)는 창녕(昌寧)에서 나왔다.

시조는 휘가 겸(謙)이니, 고려 태조(太祖)의 공주(公主)에게 장가를 들었다.

후손들이 혁혁해서 여덟 명의 평장사(平章事)가 나왔다.

휘 익청(益淸)에 와서는 좌정승(左政丞)을 지내고 하성부원군(夏城府院君)에 봉해졌으며 시호(諡號)가 양평(襄平)이니, 고려조 명신(名臣)이었다.

이조에 들어와서 휘 치우(致虞)는 한림(翰林)을 지내고 청백리(淸白吏)에 선발되었으며 옥비(玉碑)를 내리는 기림을 받았다.

---

32) 고전번역원 db에서 발췌하였다.

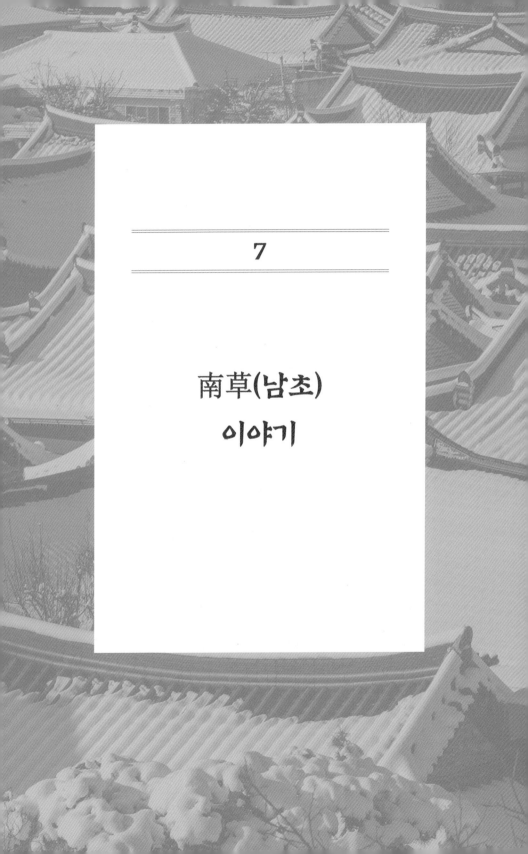

7

南草(남초)
이야기

남초는 담배를 가리키는 말로써 전설을 이야기할 때 '호랑이 담배 피던 시절에'라는 구절로 시작되는 경우가 많다. 그러면 담배는 언제 우리나라에 들어 왔는지 알아보면 호랑이 담배 피던 시절이 언제인지 알 수 있는 것이다.

장유 선생의 문집[33]에는 담배에 관한 글이 보이는데 인용하면 아래와 같다.

> 남령초(南靈[34]草, 담배)를 흡연(吸煙)하는 법은 본래 일본(日本)에서 나왔다. 일본 사람들은 이것을 담박괴 (淡泊塊)라고 하면서 이 풀의 원산지가 남양(南洋)의 제국(諸國)이라고 말하고 있다.
>
> 우리나라에는 20년 전에 처음으로 이 물건이 들어왔 는데 지금은 위로 공경(公卿)으로부터 아래로 가마꾼 과 초동, 목수(樵童牧豎)에 이르기까지 피우지 않는 자가 없을 정도이다.

---

33) 고전번역원 db에서 발췌하였다.
34) 담배의 한반도 유입은 임진왜란 전후로 생각되지만 일본에서 건너온 것 인지, 중국과 무역으로 통해 들어온 것인지는 정확히 모른다는 것이 역 사학자들의 견해이다.

이 풀은『본초(本草)』등 여러 책에도 나와 있지 않다.
그래서 그 성질이나 효능(效能)을 알 수는 없으나, 다
만 맛을 보니 매우면서도 약간 독기(毒氣)가 있는 듯
하다. 그리고 이것을 복용하는 사람은 하나도 없고 그
저 태워서 연기를 들이마시곤 하는데 많이 들이마시
다 보면 어지럼증이 생기기도 하나 오래도록 피운 사
람들은 꼭 그렇지만도 않다. 그리하여 지금 세상에서
피우지 않는 사람들을 찾아보면 백 사람이나 천 사람
중에 겨우 하나나 있을까 말까 할 정도이다.
지난번에 절강성(浙江省) 자계(慈溪) 출신인 중국 사
람 주좌(朱佐)를 만나 이야기를 들어 보니,

"중국에서는 남초(南草)를 연주(煙酒)라고도 하고 연
다(煙茶)라고도 한다. 백 년 전에 벌써 민중(閩中)에 있
었는데 지금은 거의 모든 세상에 두루 퍼져 있으며 적
비(赤鼻)를 치료하는 데 가장 효력을 발휘한다."

장유 선생은 일본에서 들여온 것으로 생각하였지만, 아직 정확
히 밝혀진 것은 없다. 다만 담배는 한반도에 들어오면서 많은

사람들이 애용하였는데, 기록에는 4~5세 아이들도 피웠다고 한다. 그러면 호랑이 담배 피던 시절은 임진왜란 전후가 될 것으로 생각되며 지금으로부터 400년 전후가 될 것이다.

그러나 설화나 전설이 400년 전후에만 있는 것이 아니어서 호랑이 담배 피던 시절 외에 다른 표현이 필요함을 느낀다. 호랑이 담배 피우는 그림은 민화에도 보이고 벽화에도 보이는데 필자가 본 것은 대부분 벽화였다. 민화에서 보이는 것은 많이 보았지만 그림을 소장하지도 않아서 여기서는 소개하지 않고 벽화에서 보이는 호랑이 담배 피우는 것만 소개한다.

(1) 수원 팔달사

그림 165. 수원 팔달사

팔달사 벽화는 18~19세기 작품인 것으로 알았으나, 예전의 자료를 찾아보니 그림의 구도가 달라졌다. 지금의 벽화는 옛 그림은 없어지고 근래에 새로 제작한 것이다. 예전의 구도는 호랑이가 오른편에 있으며, 토끼는 왼편에 있었다. 여기서 궁금한 것은 왜 하필 호랑이가 담배를 피우고 토끼가 도와주는 것이 어디서 나왔느냐 하는 것이다.

12지신에서 순서를 보면 자축인묘로 시작하여 신유술해로 끝이 나는데 寅卯는 범과 토끼가 붙어 있어, 범과 토끼가 같이 있는 구도가 조성되었다고 생각 들지만 어디까지나 필자의 추정이다. 다른 이야기는 산중지왕인 호랑이가 마음만 먹으면 토끼를 먹을 수도 있지만 강자와 약자의 공존을 이야기하는 것으로도 생각된다.

그리고 호랑이가 물고 있는 담뱃대는 장죽(長竹)을 사용하고 있는데 이

것은 담배가 뇌물이 되고 신분의 상징으로 변하였기에 불을 붙이는 烟童을 토끼로 한 것으로 생각된다. 연동은 어린 노비들이 하기에 토끼의 크기가 작아서 사람 대신 그림 속에 넣은 것으로 보이고 호랑이가 담배를 피우는 것은 前生이 담배를 좋아하는 선비이었을 것으로 생각된다.

(2) 경주 삼불사

경주 삼불사의 담배 피우는 호랑이 그림에는 정면을 응시하는 호랑이와 왼편에 늘어뜨린 장죽을 토끼 한 마리가 잡고 있고 다른 토끼는 담배가루를 준비하는 모습이다.

그림 166. 경주 삼불사

많은 동물 중에 왜 호랑이를 담배 피우는 것으로 표현하였냐 하는 것인데 이것은 전설이 있기에 그렇다. 삼불사에서 보이는 담배 피는 호랑이 그림에서 특징은 다른 지역 벽화에서는 소나무를 표현하였는데 여기서는 그러한 표현은 보이지 않고 호랑이 앉은 자리는 초원이고 뒤편은 바위로 되어 있어 다른 지역의 그림과는 차이를 보이고 있다.

전설에 의하면 오래된 호랑이는 영물이라 사람으로 변하는 신통력이 있고 사람을 따라 하는 습성이 있기에 담배 피우는 호랑이 그림을 그리지 않았나 하는 생각을 하여 본다.

(3) 남양주 봉선사

봉선사는 많은 문화유산이
전쟁으로 인해 소실되어 옛
모습은 보이지 않는데, 담배
피는 호랑이 그림은 산령각
뒤편에 있다. 봉선사의 그림
은 호랑이가 엉거주춤한 자

그림 167. 봉선사 담배 피는 호랑이

세에서 담뱃대를 잡고 있고 그 아래의 토끼가 불을 붙이는 장면이다.

봉선사는 한국 동란 때 화재로 소실되었기에 호랑이 담배 그림은 그 이
후에 그린 것으로 추정되며 폭포와 구름, 바위, 소나무가 있어 깊은 산속
에서 호랑이가 담배 피우는 것으로 생각된다.

민화와 여러 곳에서 위와 같은 그림이 많이 있지만 사진 촬영을 직접
하지 않았기에 3장의 사진만으로 설명하기에는 많이 부족하다. 봉선사,
팔달사, 삼불사 외에도 벽화가 있다고 하니 나중에 가서 보고 와야겠다는
생각이 든다.

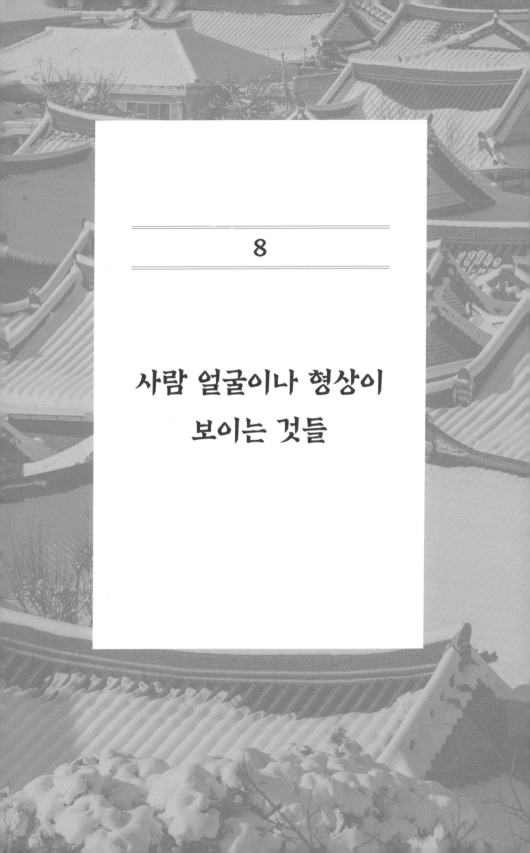

8

사람 얼굴이나 형상이
보이는 것들

(1) 청도읍성 비석

무늬는 어느 곳에든지 보인다. 무엇으로 표현하였냐 하는 것이지만 長壽나 부귀영화를 상징하는 것들이 많은 것이 현실이다. 그 많은 문양 중에서 사람의 얼굴 모양을 표현한 것을 몇 좌 본 적이 있었기에 그것들을 나열하여 본다.

청도읍성에 있는 비석의 뒷면에 보이는 얼굴은 누군가는 도깨비라고 하지만 사람의 형상을 하였고 眉間에 보이는 조그마한 圓이 부처에서 보이는 백호와 같은 느낌이 든다.

그림 168. 청도읍성 비석

얼굴만 표현하였는데 불만이 많은 모습이어서 선정비를 세울 때 고생한 것을 표현하였는지 아니면 비석에 새겨진 인물을 표현하였는지는 알 수 없다.

얼굴 주위로는 꽃으로 장식되어 있어 연화화생의 표현으로도 생각할 수 있지만 어디까지나 상상이다. 그리고 이러한 표현은 무엇을 뜻하는지는 상상이 되지 않아 궁금증만 남게 만든다.

(2) 영종도 비석

영종도에 있는 선정비에도 사람 얼굴이 보이는데 그 아래는 쌍용이 조각되었다. 일반적으로 龍은 비 중앙으로 얼굴을 마주 보게 조각하는데 여기는 용의 얼굴이 서로 바라보지 않고 있어 독특한 표현으로 생각된다. 사람 얼굴이 보기 싫어서 고개를 돌렸는지 아니면 다른 목적이 있는지 모를 일이지만 확실히 재미있는 표현이다. 사람의 얼굴은 곱슬머리에 코는 크게 표현되어 있고 웃음기가 있다.

어떠한 표현이던 이러한 것이 있다는 것이 중요하다. 일반적으로 선정비에는 쌍룡이 구름 위에서 보주를 보호하려 하는 표현이 많은데 그렇지 않은 것도 있다는 것을 의미한다고 보며 寶珠가 아니고 사람 얼굴이기에 바깥쪽으로 보고 있지 않을까 하는 생각이 드는 작례이다.

그림 169. 영종도 선정비

(3) 이담명 관찰사 비

경상도 관찰사 이담명의 선정비인데 현재는 칠곡에 있는 것으로 쌍룡의 품 안에 사람 얼굴이 있다. 머리카락은 더벅머리 총각처럼 되어 있고 눈과 코는 보이지만 입은 아래로 쳐져 있다. 龍의 표현을 보면 용맹함과 상렬함은 없지만 해학적이고 단순미를 나타내며 그 아래로 사람을 얼굴을 표현하고 좌우에는 물고기를 새겼는데 이러한 문양이 무엇을 뜻하는지 알 수 없다.

그림 170. 이담명 관찰사 비

독특하고 재미있는 문화유산 이야기 上

3좌의 석비에서 사람을 형상을 새긴 것이 보이지만 필자가 본 것만 글을 썼기에 어디엔가 사람의 형상을 새긴 비가 있을 것으로 생각된다.

어떤 이는 도깨비로 보는 경우도 있고 필자처럼 사람의 형상으로 보는 경우도 있다. 그것은 어디까지나 개인의 생각과 해석의 차이로 생각되며 여기서는 학문적으로 깊이 논할 마음은 없다.

있으며 눈으로 보고 즐기면 되는 것이고 사람의 관심을 끌었으니, 어찌 좋은 일이 아닌가! 나만 즐거우면 되는 것이다.

관찰사 碑 내용을 보면 모습이 온화스럽고 지식이 밝으며 몸가짐은 검소하고 절대로 화려하거나 들뜬 일을 하지 않는다고 되어 있다. 碑首에 나타나는 얼굴은 그러한 몸과 마음을 표현한 것으로 여겨진다.

(4) 나주 죽림사 부도

그림 171. 나주 죽림사 부도

　나주 죽림사 부도에 보이는 문양이며 자세히 보면 사람의 형상과 사자의 형상이 보인다. 추정으로는 처음에는 사자의 무늬를 새겼으나 오랜 세월 풍화와 마모로 인해 원래의 모습이 변하여 사람의 형상이 보이는 것으로 생각되나 자세한 것은 알 수 없다.

　그리고 저렇게 많은 형상을 왜 새겼는지를 생각하면 승탑의 지붕을 사자 형상으로 지붕 곳곳에 새겼는데 깊게 파서 새긴 것은 남아서 우리에게

　　　　　　　　　　　　　　독특하고 재미있는 문화유산 이야기 上

보여 주는 것으로 생각된다. 다른 한편으로는 다른 石部材를 가져와서 승탑의 지붕으로 사용하는 것으로 생각되지만 아직 밝혀진 것이 없다.

어떤 이는 獅子라 하고 어떤 이는 사람이라 하지만 사물은 생각의 차이와 보는 사람의 마음에 따라 형상도 달라지기에 정답은 없기 마련이다.

보는 사람에 따라 이름이 달리한다고 본다. 사람의 상상력이 승탑에도 아름다운 문양과 여러 조각을 하였지만 세월은 그러한 것은 남겨 주지 않는다.

다른 곳에서도 이러한 문양이 남아 있을 것으로 보이지만 필자가 찾은 것만 사진과 설명한다.

(5) 남해 용문사 부도

　남해 용문사 부도에도 사람의 형상이 보이는데 자세히 보면 숫 사자의 갈기가 보이는데, 연판문에 사자를 새긴 것으로 생각된다. 사진을 확대하여 보며 사자인지 사람인지 구분이 확실히 되지만 처음에 촬영할 때는 사람이라는 확신에 흥분하여 사진 촬영할 때는 몰랐던 사실이지만 글을 시점에서는 사람이 아닌 사자로 보인다.

　앞의 작례 외에도 사람의 형상이나 사자의 형상이 보이는 승탑은 있을 것으로 생각되나 필자가 본 것은 두 번의 사례가 전부라 다른 사찰의 부도에도 재미있는 형상은 많을 것으로 생각된다. 비록 필자가 제목처럼 사람의 형상이라 하였지만 자세히 보니 사자의 형상도 보이기에 착각을 하였다고 생각도 든다.

　승탑의 지붕은 다양한 조각이 많은데 새, 용 등등이 새겨진 것이 많으며 이러한 것을 글로 쓸 수 없다는 것이 아쉽다는 것이다. 왜냐하면 그러한 것에 대한 필자의 표현력의 한계로 생각되기에 그렇다.

그림 172. 남해 용문사 부도 1

그림 173. 남해 용문사 부도 2

8. 사람 얼굴이나 형상이 보이는 것들

(6) 해남 명량대첩비 비각에 보이는 충무공 얼굴

해남에 있는 명량대첩비는 임진왜란의 대표적 승전으로 기억되는 곳이다. 그곳에 명량해전의 승리를 기념하기 위해 세워진 비각에는 사람의 형상을 그려 놓았는데 뚜렷이 보이며 이순신 장군의 모습을 그려 놓은 것으로 생각된다.

그림 174. 해남 명량대첩비 비각

명량대첩비를 처음 보러 갔을 때는 碑의 형상을 촬영하느라 있는 것조차 몰랐지만 해남 우수영에 있는 선정비를 촬영하러 가서 碑閣 주위를 살펴보다가 그림을 보게 되었다.

　　　　　　　　　　독특하고 재미있는 문화유산 이야기 上

명량대첩비를 세울 때 비각을 건립한 것이 아니기에 그려진 얼굴은 오래된 것은 아닌 것으로 보인다. 다른 곳에서는 작례는 보이지 않는 것이고 특히 충무공 이순신 장군의 형상이기에 포함시켰다.

그림 175. 이순신 신도비

임진왜란 때 많은 공을 세우신 충무공이시기에 匠人을 그려 넣은 것으로 생각된다. 그리고 이순신 장군의 신도비에도 龍馬를 타고 가는 모습이 있는데 그것에 영향을 받았는지 알 수 없지만 충무공과 관련된 碑와 비각에만 사람의 형상이 있다는 것이 이채로운 것이다.

문화유산 중 기와에도 사람의 형상이 있는 것이 보이지만 여기의 작례는 포함시키지 않는다.

(7) 금강령에 보이는 보살 얼굴

금강령은 종(鐘)의 모양에 번뇌를 없애 준다는 상징적인 의미를 갖고 있는 금강저의[35] 형태가 합쳐져서 만들어진 불교 행사에 쓰이는 의식 법구이다. 불교 의식 때 소리를 내어 어리 불·보살들을 기쁘게 해 주고 어리석은 중생의 불성을 깨닫게 하여 성불의 길로 이끌어 주는 데 궁극적인 목적이 있는데 조선시대에는 티베트 불교의 이색적인 요소가 반영되어 손잡이 끝에 보살의 얼굴이 새겨진 금강령이 출현하게 되었다.

얼굴 새긴 금강령은 현재까지 그 전통이 이어져 절에서 불교의식이나 재(齋)를 올릴 때 의식 법구로서 사용하며 요령이라 부르고 있다. 서울 동국대 박물관에 소장 중인 금강령은 보살에 새겨진 금강령으로 필자도 그 작례를 처음 보는 것이어서 작례에 포함시켰다.

조선시대의 장례에도 쓰이는 금강령은 요령이라는 다른 이름으로도 쓰이고 있어 우리에게는 친숙한 물건이다. 鍾은 크게 만들어서 웅장함과 소리의 신비함이 남아 있지만 금강령은 손에 잡아서 운용하는 하는 것이고 금강령은 위에서부터 아랫부분까지 많은 의미를 가진 것 중 하나이다.

많은 금강령이 남아 있지만 대표적인 것은 순천 송광사 금동 금강령을 최고의 작품으로 보고 있다. 순천 송광사 금강령은 보살의 얼굴의 보이지 않는 것이어서 여기에 넣지 않았다. 사진에 보면 위 손잡이 아래에 보살

---

35) '다음' 백과사전에서 발췌하였다.

의 얼굴이 새겨져 있는데 얼굴 아래로 보이는 것이 긴 목으로 보이는 것은 필자의 다른 시각인 것으로 생각된다.

사람의 형태가 아닌 불교의 보살의 형태로 나타나 기쁘게 해 주고 어리석은 중생의 불성을 깨닫게 하여 성불의 길로 이끌어 주는 데 궁극적인 목적이 있기에, 불보살을 새긴 것으로 생각된다.[36]

그림 176. 서울 동국대 박물관 금강령

---

36) 2022년 10월 31일 동국대박물관 관계자와 통화하니 출처만 밝히면 상업적 출판 가능하다 하여, 작례에 포함시켰다.

(8) 용과 아이들

　수많은 벼슬아치들의 불망비를 보았지만 아이가 있는 작례는 흔하지 않는 것으로 전국에서 유일한 것으로 보인다. 龍 주위로 화문형 구름이 떠다니는 느낌과 용의 좌우 뿔 아래로 동자들이 매달려 있는 모습으로 보이고 이빨이 마치 사람과 같은 치열의 형식과 그 아래는 빗자루 모양의 수염도 표현되어 있다. 눈 아래에 보이는 커다란 구슬 같은 모양은 눈물이 흘러 메말라 보이는데, 커다란 눈과 좌우의 뿔은 將帥가 투구를 쓰고 있는 모양으로 느껴진다.

그림 177. 용과 아이들

독특하고 재미있는 문화유산 이야기 上

전국을 돌아다니다 보면 위와 같은 것이 보면 또 있을까 하는 생각도 하였지만, 모를 일이다.

누구나 상상은 자유라서 어떠한 조각도 가능하기에 비슷한 모양은 있을 수 있을 것이다. 보아서 즐겁고 다시 생각나서 행복하니 그것만큼 좋은 것이 없으니 문화유사 답사는 그런 것이다.

충무공 이순신 신도비 비수 뒷면에 사람 형상이 있으나 83페이지에서 설명을 하였기에 여기서는 제외시켰다.

앞의 글에 보이는 사람 형상에 대한 작례가 여덟 개이지만, 필자가 생각하지도 못한 것이나 아니면 필자가 모르는 것이 있다고 생각된다.

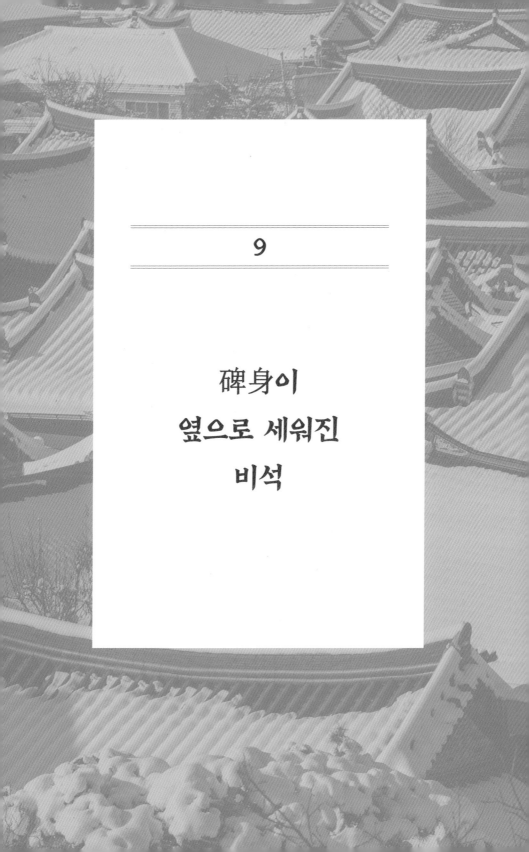

9

碑身이
옆으로 세워진
비석

일반적으로 碑를 세우면 넓은 碑陽이 받침인 귀부의 머리와 같은 방향을 바라보는데, 이번에 소개하는 碑들은 측면이 귀부의 머리와 같은 방향으로 되어 있는 것이다. 이런 碑들이 있다는 생각은 다른 곳에서 얻었고 사진 촬영은 직접 하였다.

먼저 상주 채수 선생 묘역 부근에 있는 곽존중의 신도비에 대하여 글을 써 본다.

상주 곽존중의 碑는 앞서 귀부의 고개를 돌린 작례에 있어 비신이 옆으로 되어 있는 작례에는 포함시키지 않으려다가, 碑身이 옆으로 된 비석이 많이 없어서 여기에 넣었다.

곽존중 신도비는 다시 만들어진 것으로 알려졌는데, 烏石으로 된 비신에 사자가 고개를 오른쪽으로 돌려서 묘역에 들어 오는 사람을 지켜보는 모습으로 되어 있다. 조선 전기 사람으로 곽씨의 본관이 현풍이 많은데, 곽존중은 청주가 본관이었다.

비좌는 인근에 있는 채수의 신도비 모양을 본떠 만든 것으로 생각되는 것은 채수의 신도비도 비신이 옆으로 세우고, 고개를 뒤로 돌려서 만든 것이라 그렇게 생각되었다.

독특하고 재미있는 문화유산 이야기 上

그림 178. 상주 곽존중 신도비

두 번째는 채새영 선생의 묘비이다. 의왕에 있는 채세영 묘비는 수원으로 가다가 잠시 들렀는데, 비신이 정면이 아니고 옆으로 된 것이지만, 위의 곽존중의 신도비는 오른편에 귀부가 있는 반면에, 채세영의 묘비는 귀부가 왼편에 있다.

그림 179. 의왕 채세영 묘비

채세영의 묘역 주변을 보면 석물들이 제자리를 찾지 못한 듯하는 느낌이 많은 드는데, 필자가 추정하기에는 원래의 못자리가 아닌 것으로 추정된다.

처음 방문 당시에는 저녁 무렵이고, 여름이라 사진 촬영하기가 어려웠지만, 몇 년이 지난 후 4월에 재차 방문을 하여 사진 촬영을 하였다.

비신이나 碑首는 마멸이 덜 되었지만 귀부는 많은 부분이 선명하지 않으며, 귀부는 고개를 돌리지 않고 정면을 응시하는 모습이다.

그림 180. 채세영 신도비

세 **번째는 전주 화산서원 碑인데** 여기는 20년 前 찾으러 갈 때 龜趺를
볼 목적으로 간 것이었는데 그 당시의 전자 안내기는 정확하지가 않아서
부근에 있는 병원으로 들어가 버려서 당황을 하였는데 나중에 공원을 들
리고 나서, 찾아낸 비석이었다.

화산서원 龜趺도 고래를 돌린 작례에 포함시켜야 하지만, 똑같은 것은
많이 나열하면 食傷할까 봐 제외하였다.

그림 181. 전주 화산서원 碑

독특하고 재미있는 문화유산 이야기 上

비각 내부에 있는 화산서원 비는 사진 촬영하기 어렵게 되어 있으며 귀부는 작은데 비신은 크게 조성되어 있다. 화산서원은 서원 철폐령으로 흔적이 없지만 그것을 기억할 수 있는 碑라도 남아 있으니 다행이라 생각이 든다. 화산서원은 1578년(선조 11년)에 건립하여 이언적(李彦迪)·송인수(宋麟壽)를 배향한 사액서원으로, 전라북도 전주시 완산구 중화산동에 있었던 것으로 院庭碑만 남아 있는데 송시열이 글을 짓고 송준길이 썼다고 한다.

네 번째는 원주에 있는 김래의 묘갈이다.

그림 182. 원주 김래 묘갈 1

묘지 답사는 겨울이 제격인데 1월에 가서 보고 온 것인데 처음부터 목적은 그것이 아니었지만 김제남의 묘를 둘러보면서 김래의 묘갈을 본 것이다. 김래는 김제남의 장남으로 선조 때 여러 벼슬 지냈으나 이이남 등의 영창대군을 왕으로 추대한다는 무고로 부친과 형제들이 사사되었다. 인조 반정 이후 신원이 복원이 되었다고 한다.

그림 183. 원주 김래 묘갈 2

독특하고 재미있는 문화유산 이야기 上

경기 고양의 선영에 무덤이 있었는데, 지금의 자리로 이장하면서 묘갈을 세운 것이다. 묘갈은 묘지 동쪽에 있으며, 관리가 안 되는지 흑화 현상이 많이 보이고, 귀부는 정면으로 바라보며 있다.

김래의 묘갈명은 대왕대비에 복귀한 인목대비가 아버지 김제남과 김래 · 김규 · 김선 3형제의 작위를 회복하고, 인조가 청음(淸陰) 김상헌(金尙憲)에게 명하여 김래의 묘갈명(墓碣銘)을 짓고 묘 앞에 세운 것이다.

다섯 번째는 의정부에 있는 이경록 신도비이다.

그림 184. 의정부 이경록 신도비 1

의정부에 있다는 것을 알아내어 뜨거운 8월에 답사를 갔는데, 울산에서 당일로 의정부 답사는 상당히 무리이었지만, 해가 긴 날이 아니면 차를 가지고 가는 것이 어렵기에, 몇 좌의 묘비와 같이 보고 온 신도비이다.

풀이 많고 입구를 찾기 어려워서 고생을 많이 한 기억이 난다. 주위에 난간을 둘러 찾기는 쉬웠으나 풀이 많아 뱀이 있을까 두려움도 있었으며, 귀부가 입을 굳게 다물어 굳세어 보이는 느낌이 많이 든다.

碑首의 조각은 양호한 편이지만, 귀부의 주위는 이끼로 인해 상태가 말이 아

그림 185. 의정부 이경록 신도비 2

니다. 이경록은 여러 거쳐 임진왜란이 일어난 1592년에는 전라도 관찰사 이광 휘하에서 용인전투에 참전한 후, 의병장 김천일을 도와 큰 공을 세웠고, 이경록은 임진왜란 이후 1593년에 제주목사로 부임하였는데, 제주목사의 임기는 2년이나, 7년 동안이나 전라도 제주목사 겸 제주陣 병마수군절제사로 재직하였다는 기록이 전한다.

독특하고 재미있는 문화유산 이야기 上

여섯 번째는 상주에 있는 채수 신도비이다.

그림 186. 나재 채수 신도비

채수의 신도비는 신도비 연구를 시작할 때 처음 관심을 가지고 있어 보러 간 적이 몇 번 있었고 채수 묘역을 지나면 연산군 때의 인물인 권달수 묘를 보러 가면서 들린 곳이기도 하다.

채수 신도비는 고개를 돌린 碑의 작례에서 언급하였지만 추가 해서 설명을 하면 碑首 전면 후면에 보이는 쌍용의 표현이 조금 달라 보인다. 비수에서 보면 쌍용이 마주 보면서 여의주를 보호하게 표현되는데 여기는 비수를 바라보면 좌측의 龍이 가운데에서 조금 내려와서 있고 우측의 龍이 위로 표현되어 있어 다른 곳에 있는 碑首와는 차이를 보이고 있다.

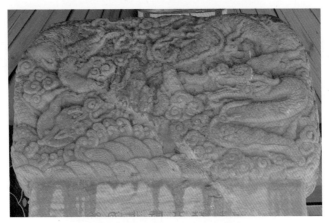

그림 187. 나재 채수 신도비 앞면

그림 188. 나재 채수 신도비 뒷면

채수의 신도비는 마모로 인해 상부가 뚜렷하지는 않지만 잘 남아 있는 편이며 부근에 있는 곽존중의 신도비 모양도 碑身이 옆으로 되어 있는데

독특하고 재미있는 문화유산 이야기 上

추정하기로는 채수의 신도비 모양을 따라 한 것으로 생각된다.

채수는 불교와 도교의 색채가 짙은『설공찬전』이라는 소설을 지은 것 때문에 곤란을 겪게 되는데 조선왕조실록의 기록을 보면 1511년 사헌부 에서는『설공찬전』의 내용이 '윤회화복지설(輪回禍福之說)'이어서 아주 요망하므로 문자로 베끼거나 언문으로 번역해서 읽는 것을 금해야 한다.' 고 했다는 기록이 전하고 있다.『설공찬전』은 국문학사적으로 아주 중요 한 위치에 있지만 그 당시의 事相에는 맞지 않은 것 같다. 그 뒤 경상도 함창에 있는 처가 쾌재정(快哉亭)을 짓고 독서와 풍류로 여생을 보냈다고 한다.

일곱 번째는 김포 심강의 신도비이다.

강화도를 무박으로 답사하고 나서 김포에 있는 심강의 신도비를 보러 갔는데, 들어가는 입구에 방범 카메라도 있어 들어갈 수 없는 지역인가 싶어 많이 망설이다 용기를 내어 보고 온 것인데 나중에 보니 방범 카메 라는 심강 신도비 앞 공장의 것이었다.

신도비는 묘역의 아래에 위치하고 있으며, 귀부와 碑身, 碑首로 구성되 어 있다. 용머리처럼 생긴 얼굴은 우측으로 고개를 길게 빼서 뒤를 돌아 보며 있다. 앞발은 땅을 헤치고 곧장 뛰쳐나갈 것처럼 힘이 넘치는 모습 이고, 등을 덮고 있는 연잎 모양의 복련(覆蓮)은 생동감 있게 조각되었다. 碑首에는 龍 두 마리가 여의주를 지키려고 하는 모습을 정교하게 묘사하 였다. 비문은 심수경(沈守慶)이 짓고 손자인 심열(沈悅)이 글씨를 썼다고 한다.

신도비 전체 사진을 담을려고 하였는데 필자가 가진 사진기와 사진

그림 189. 심강 신도비

독특하고 재미있는 문화유산 이야기 上

기술로는 되지 않아 다시 가서 촬영해야 하나 그러하지 못하였다. 그래서 서울에 계신 이계재 선생께 부탁하여 필요한 사진을 얻어 사용하게 되었다.

신도비는 보호를 위하여 비각을 만드는데 전체적으로 높거나 홍살문 형식으로 만들기에 사진 구도가 나오지 않아 촬영하는데 어려움이 많다.

어떤 때에는 햇빛으로 인해 제대로 나오지 않고, 멀고 먼 곳에서 여러 사진을 촬영하다 보면 사진기 배터리가 방전되어 여유분이 없을 때는 다시 가야 하는 어려움이 있다. 자세한 정보를 알지 못하여 신도비가 있는 곳에 가 보니 공사를 한다거나 移建 되거나 移建 중이면, 멀고 먼 길을 다시 가야 하는 어려움이 있다.

그래서 문화유산 답사는 한 번만 가는 것이 아니고 여러 번 가고 가야 하는 어려움과 경비 그리고 시간과의 싸움으로 생각된다. 지금 고속열차가 있어 전국적으로 가는 이동 시간이 줄어들었다고 하지만, 경비는 만만치 않게 들기 때문이다.

여덟 번째는 파주에 있는 성희안의 신도비와 묘비인데 여기는 여름에 찾아가니 풀이 많아서 성희안의 묘를 찾기 어려워 발길을 돌려야 했다. 시간이 지난 후 다음 해 5월에 울산에서 당일로 보고 온 碑이다.

성희안의 묘비는 비신의 크기에 비해 귀부는 작으나, 마모로 인해 앞과 뒤의 구분이 어렵게 보이나 자세히 보면 귀부의 얼굴이 좌우로 되어 있는 것으로 생각된다. 전체적인 귀부의 얼굴은 거북인지 龍인지 구별이 어렵다.

그림 190. 성희안 묘비

신도비는 묘 아래에 있으며, 여기는 귀부가 어렴풋이 표가 나지만 많은
마모로 인해 뚜렷하지는 않다. 다른 데와는 달리 신도비와 묘비가 비신의
측면과 귀부가 나란히 된 것은 이례적인 표현으로 보이며, 이러한 것은

독특하고 재미있는 문화유산 이야기 上

필자의 생각으로는 영의정에 올랐기에 묘비와 신도비의 독특하게 만들었다고 생각되나 어디까지나 추정이지 맞다고 보지 않는다.

그림 191. 성희안의 신도비

아홉 번째는 합천에 있는 숙부인 묘갈이다. 울산에서 2시간 거리를 달려 도착한 곳인데, 입구를 찾지 못하여 산 위로 올라가서 다른 신도비를 보았지만 아니었다. 다시 내려와 주위를 살펴보다가 보고 온 묘비이다. 특히 귀부의 받침이 龍도 아니고 거북이도 아닌 虎趺로 되어 있는 아주 독특한 비었기에 국내의 유일한 작례로 생각되며『독특하고 재미있는 문화유산 이야기 中』에 실을 예정이어서 상세한 설명은 여기서 피하고 비신과 받침이 나란히 되어 있는 것만 다루기로 한다.

碑首의 표현은 산 중턱에 있는 夫君이 형태와 같으나 비신과 귀부는 모양이 달랐다. 범의 형상을 하였는데 山神을 상징하는 것으로 보이며, 귀부가 꼬리 부분이 없고 앞뒤가 범으로 되어 있어 어느 곳이 앞인지 구분이 가진 않지만 向 오른편이 마모가 많이 되었고, 왼편이 뚜렷한 표현이 보인다.

아무튼 한반도에는 재미있는 표현들이 많은데 그중에 비석에 이러한 조각의 형태를 취한 것은 국내에서 보기 드물기에 더욱 소중히 여겨야 할 것으로 생각된다.

그림 192. 합천 숙부인 묘비

글을 끝내면서

문화유산이라는 것은 오랜 시간에 걸쳐 살아온 흔적이고, 그 시대의 産物인 것이다. 행복한 순간이면 그 표현도 다양하고, 슬픈 순간이면 그 당시의 생각을 잊으려 해학적인 모습도 보이는 것이었다고 생각도 든다. 이러한 것이 각종 문화유산에 표현되는데, 우리는 그 시대에 살지 않았기에 기록이 없으면 알아낼 수 없다. 다만 그러할 것으로 표현되었다고 추정하는 것이 최대의 앎이었다.

그러나 하나하나 분석하고 기록하다 보면 재미있는 일, 슬픈 일 등을 알아낼 수 있다는 것이 문화유산을 공부하면서 느낀 점이었다.

필자가 쓴 글이 누구의 아류라 할 수 있지만, 문화유산 공부를 시작할 즈음에는 무조건 보는 것이었고, 그저 돌아다니는 것이 좋았지만, 책을 읽고, 자료를 찾으면서 나도 모르게 깊이 빠져서 시간 가는 줄 모르고 있었는데 자비로 책을 내어 보면서 나의 수준도 얼마나 되는지 알 수 있는 계기가 되었다.

비록 잘 쓰는 글솜씨는 아니지만 과장되고 실없는 글이 아니기에 자만도 할 수 있지만 내가 연구하고 내가 보고 온 것이 나만의 작품과 생각이 책에 들어 있다는 것에 만족을 느낀다. 필자가 보고 느낀 것이 글로 표현되었다는 깊은 만족은 아니지만, 누군가에는 중요한 자료가 되기를 희망하여 본다.

땅을 파다 보면 많은 유물이 발견되기에 앞으로 더 필자의 눈에 특이하고 아름다운 것이 많이 발견되기를 기대한다. 시간이 흐르면 흐를수록 더 기대되는 것은 우리나라가 오랜 역사와 문화를 가진 민족이기에 그러하다고 생각된다.

문화유산을 공부하면서 기쁨과 행복이 있었다고 생각되는 것은 필자가 좋아하고, 재미를 느꼈기에 그러한 생각이 들은 것이다.

무궁무진한 이야기가 있는 문화유산을 바라보고 생각하며……

2022년 12월 15일

玉山 이희득

출판하는 데 도움을 주신 기관

• 창녕군청
• 서울 동국대 박물관

출판 비용을 지원한 단체와 개인

• 김명옥(후원: 1,000,000)- 웅촌 중학교 및 고등학교 친구
• 최병동(후원: 300,000)- 웅촌 초등학교 및 중학교 친구
• 김정현(후원: 300,000)- 웅촌 초등학교, 중학교, 고등학교 동문
• 52회 契원 일동(후원: 1,000,000)- 웅촌 초등학교 친구 모임

자문과 도움을 주신 분

우리 옛것을 찾는 사람들 회장과 회원들
故 강수진 님
고령 정이환 님
대구 전일주 님
서울 이계재 님

각 성씨의 문중을 일일이 찾아 묘비를 촬영하여 상업적으로 사용한다고 허락을 받지 못해, 지면으로나마 사과드립니다. 허락 없이 사용한 점 널리 양해를 부탁드립니다.

여기에 다 기록을 못 하지만 많은 분들께서 격려와 성원을 아끼지 않았습니다.

지면을 빌어 항상 감사함을 영원토록 전합니다…….

옥산 이희득 拜上

독특하고 재미있는
문화유산 이야기

ⓒ 이희득, 2023

초판 1쇄 발행 2023년 4월 5일

지은이   이희득
펴낸이   이기봉
편집   좋은땅 편집팀
펴낸곳   도서출판 좋은땅
주소   서울특별시 마포구 양화로12길 26 지월드빌딩 (서교동 395-7)
전화   02)374-8616~7
팩스   02)374-8614
이메일   gworldbook@naver.com
홈페이지 www.g-world.co.kr

ISBN   979-11-388-1784-4 (03910)